Christoph Moufang

Cardinal Wiseman und seine Verdienste um die Wissenschaft und die Kirche

zwei Vorträge, gehalten im katholischen Casino zu Mainz

Christoph Moufang

Cardinal Wiseman und seine Verdienste um die Wissenschaft und die Kirche
zwei Vorträge, gehalten im katholischen Casino zu Mainz

ISBN/EAN: 9783743490413

Hergestellt in Europa, USA, Kanada, Australien, Japan

Cover: Foto ©ninafisch / pixelio.de

Manufactured and distributed by brebook publishing software (www.brebook.com)

Christoph Moufang

Cardinal Wiseman und seine Verdienste um die Wissenschaft und die Kirche

Cardinal Wiseman

und

seine Verdienste um die Wissenschaft und die Kirche.

Zwei Vorträge,
gehalten im katholischen Casino zu Mainz

von

Dr. Christoph Moufang,
Domcapitular und Regens des bischöflichen Clericalseminars in Mainz.

Nach stenographischer Aufzeichnung zum Besten des Gesellenvereins herausgegeben.

Mainz,
Verlag von Franz Kirchheim.
1865.

Mainz, Druck von Florian Kupferberg.

I.

Vor wenigen Tagen — am 23. Februar — hat London ein Leichenbegängniß gesehen, wie ein solches, nach der Bemerkung englischer Blätter, seit 1558, also seit länger als dreihundert Jahren, dort nicht stattgefunden. Das Außergewöhnliche und Erstaunliche daran war nicht der äußere Pomp, die große Anzahl der Leidtragenden, die Menge der den Leichenzug begleitenden Carrossen und der prachtvolle mit Emblemen geschmückte Leichenwagen, sondern die Theilnahme und die Haltung der Bevölkerung der englischen Hauptstadt. Von der Kirche St. Mariä in Moorsfield, wo das Traueramt gehalten worden, bis zu dem zwei Stunden entfernten Gottesacker waren, wie uns berichtet wird, nicht nur die Straßen und alle Fenster und Balkone und selbst die Dächer von unzähligen Zuschauern bedeckt, sondern auch wenigstens drei Viertel aller Kaufläden, welche der Zug passirte, geschlossen. Dabei herrschte überall die größte Ordnung und vielfache Beweise von Theilnahme gaben sich kund.

Der Mann aber, dem bei seinem Begräbniß diese stille und doch so allgemeine Huldigung von Seiten der Londoner Bevölkerung zu Theil ward, war in seinem Leben keineswegs ein Liebling des englischen Volkes; er hat vielmehr (wie noch im Jahre 1862 eine hierin ganz wohl unterrichtete Zeitschrift sich ausdrückt), „weil auf ihn Unduldsamkeit und Fanatismus alle ihre Angriffe concentrirten, den Hauptangriff des Hasses zu erdulden gehabt, so daß es wenige Männer gibt, deren Thätigkeit mit größerer Beharrlichkeit mißdeutet, mit größerer Bitterkeit angefeindet und mit größerer Unwissenheit beurtheilt worden ist, als die seinige [1].“ Aber der Tod, der so viele Vorurtheile zerstreut, hat auch über ihn das Urtheil Vieler berichtigt, und die hohe Achtung, die das seltene Wissen und großartige Wirken des Verstorbenen allgemein einflößte, hat sich, aller früheren Antipathie zum Trotze, unerwartet bei dieser Veranlassung kundgegeben, und Freunde und Gegner haben sich im Ausspruche geeinigt: „Cardinal Wiseman war ein großer Mann!“

Ihnen, verehrte Zuhörer, das Leben und das

---

[1] Home and Foreign Review 1862. p. 501.

Wirken dieses Kirchenfürsten in Kürze zu schildern, wird meine Aufgabe für die beiden Vorträge sein, die ich vor Ihnen zu halten die Ehre habe.

Es ist nicht leicht, dieses reiche Leben in einem so engen Raume zusammenzufassen; denn Wiseman war groß als Gelehrter, als Prediger, als Bischof und als Cardinal. Ich rechne auf Ihre gütige Nachsicht!

Nikolaus Wiseman war am 2. August 1802 in Sevilla in Spanien geboren, wo damals sein Vater, ein wohlhabender Kaufmann, ansäßig war. Der Tod des Vaters und der ausbrechende französisch-spanische Krieg veranlaßte die Familie, nach Irland zurückzukehren, und so kam es, daß der Knabe wenigstens seine Kinderjahre auf heimathlichem Boden, auf der Insel der Heiligen, verleben durfte; und hier nahm er jene Innigkeit des Glaubens in sich auf, die ihn während seines ganzen Lebens bis zum letzten feierlichen Glaubensbekenntniß, das er vor seinem versammelten Metropolitan-Kapitel auf seinem Sterbelager ablegte, niemals auch nur im Geringsten verlassen hat. Etwas später, im Jahre 1810, ward er zu seiner weiteren Ausbildung nach England in das Cuthbert-Colleg zu Ushaw, das damals durch sehr berühmte Lehrer in große Blüthe gebracht war, geschickt. Kaum sechzehn Jahre alt, hatte er dort bereits die verschiedenen Klassen durchlaufen. Merkwürdig, damals war es neben seiner großen, kaum zu befriedigenden Lernbegierde besonders ein gar stilles, schüchternes, ja scheues Wesen, das ihn auszeichnete, den Mann, der später der ganzen Wuth des englischen Fanatismus in großartigster Ruhe zu widerstehen berufen war. — Da eine innere Stimme ihn zum geistlichen Stande berief, reiste er, wie er es selbst so anmuthig erzählt [1]), im Herbste 1818 nach Rom. Es war am 18. December, als er in Gesellschaft von fünf anderen Jünglingen in Rom ankam, um das dortige englische Collegium, das beinahe ein Menschenalter hindurch unbewohnt und verödet gewesen, wieder zu bevölkern. Wiseman blieb von da an mit kurzen Unterbrechungen an die zweiundzwanzig Jahre in diesem englischen Colleg, und das mag es rechtfertigen, wenn ich über diese Wohnstätte in kurzen Worten Einiges bemerke.

Rom ist in mehr als einer Hinsicht die Metropole, die Mutterstadt der katholischen Welt; von jeher haben

---

1) In seiner Schrift: „Erinnerung an die vier letzten Päpste." Uebersetzt von Prof. Dr. Reusch. Köln 1864. S. 3 ff.

daher die katholischen Nationen es schön gefunden, für ihre Angehörigen, namentlich für Solche, die sich zu Priestern, zu Verkündigern der reinen apostolischen Lehre ausbilden sollten, Anstalten und Stiftungen in Rom selbst zu haben — und dermalen bestehen in Rom achtzehn solcher Nationalcollegien für Deutsche und Ungarn, für Griechen, Schotten und Engländer; für Zöglinge aus Nord- und aus Südamerika, aus Frankreich und aus Belgien und aus allen Ländern des Orients, welche alle aus der weiten Welt dorthin an das eine Mutterherz der Kirche kommen, um die reine und unverfälschte apostolische Lehre unter dem Schutze des Nachfolgers Petri, des Oberhauptes der Kirche, in sich aufzunehmen.

Die Revolution, die Alles, was gut ist, zerstört, hatte auch diese Stiftungen vernichtet.

Das englische Colleg war am Schlusse des sechzehnten Jahrhunderts durch Papst Gregor XIII. mit Beihilfe des englischen Cardinals William Allen gegründet worden[1]). Es sollten in diesem Hause die Priester für England, denen übrigens in jener Zeit das

---

1) Siehe Buß, Geschichte der Bedrückung der katholischen Kirche Englands. 1851. S. 43 u. ff.

Betreten ihres vaterländischen Bodens bei Todesstrafe verboten war [1]), erzogen werden.

Man erzählt sich, daß, so oft der heilige Philippo Neri den Alumnen des englischen Collegs damals begegnete, er sie mit den Worten begrüßte: Salvete flores martyrum, d. h.: „Seid gegrüßt, ihr Blüthen der Märtyrer!" — und in wenigen Jahren hatten wirklich vierzig Alumnen als Märtyrer auf dem Schaffot in England geblutet. — Wiseman sollte also zu Denen gehören, die diese Wohnstätte der Tugend und der Wissenschaft wiederum neu bevölkern sollten. Es war ein kleiner Anfang. Papst Pius VII. hatte, nachdem er kaum seine Staaten zurückerhalten und darin einige Ordnung geschaffen, alsbald beschlossen, dieses Colleg wiederum zu eröffnen, denn, eingedenk der Freundschaft, die damals die englischen Staatsmänner ihm und dem apostolischen Stuhle erwiesen, hegte er eine gewisse Vorliebe für England. Schon am 24. December ließ er die jungen Engländer, die gekommen waren, sich vorstellen. — Nicht Alle hatten

---

1) Challoner, Denkwürdigkeiten der Missionspriester, die in England ihrer Religion wegen den Tod erlitten haben. Paderborn 1852. I. S. 23.

das Glück; die Kleider konnten nicht für alle fertig werden, aber Wiseman war unter den Glücklichen, und beim Weggehen sagte der Papst: „Ich hoffe, ihr werdet sowohl Rom, als eurem eigenen Lande Ehre machen!" — und Das hat Wiseman getreulich erfüllt!

Vorerst war seine ganze Zeit dem Studium und seiner priesterlichen Ausbildung gewidmet, und es verliefen auf diese Weise sieben Jahre, über die ich hinweggehe, die aber den Grund legten zur ganzen wissenschaftlichen und praktischen Tüchtigkeit Wiseman's. Im Jahre 1825 empfing er die heilige Priesterweihe, und ich führe gern die Worte an, womit er selbst in seinem schönen Buche über die vier letzten Päpste (S. 209) über dieses Ereigniß, das einen bedeutenden Abschnitt in seinem Leben bezeichnet, sich ausspricht, denn sie offenbaren, scheint mir, am allerbesten den Geist, der den jungen Diener der Kirche damals erfüllte und dem er in seinem ganzen Leben so treu geblieben ist. — „Das Ziel," schreibt er, „wonach ich Jahre lang gestrebt, die Krone, wonach ich mich lange gesehnt, der Preis, der mir allein des Ringens werth geschienen, wurde mir im Frühling dieses Jahres zu Theil. Das Jahr 1825 ist ein denkwürdiges Jahr in meinem Leben, da ich während desselben, außer den reichen Segnungen des Jubiläums, auch der Gnade des Priesterthums theilhaftig wurde. Zudem wurde mir diese Gnade nicht in der gewöhnlichen Weise zu Theil, sondern später als den Anderen: alle meine Mitschüler arbeiteten schon in der Heimath im Weinberge des Herrn und verdienten sich die Krone im Himmel; ich allein war hinter ihnen zurückgeblieben und konnte noch nichts thun, als zu Rom in den geistigen und geistlichen Genüssen schwelgen, die sie kaum gekostet hatten."

Jedoch dieses Schwelgen, wovon Wiseman spricht, war kein unfruchtbares gewesen, denn bereits am 7. Juli 1824 hatte der junge Student nach überstandener Prüfung in glänzender Disputation sich die Ehre eines Doctors der Theologie erworben. Er selbst erzählt, jedoch ohne sich zu nennen, wie denn in allen seinen Schriften sein Name beständig zurücktritt, einen interessanten Zwischenfall, der sich bei dieser Disputation zutrug und der zugleich beweist, daß man damals bereits auf den zweiundzwanzigjährigen jungen Gelehrten aufmerksam geworden war. Seine Worte lauten: „Bei der Disputation kam ein weißgekleideter Mönch herein und nahm seinen Sitz mitten im Saal. Die Professoren luden ihn zur Betheiligung an der

Disputation ein; aber er schüttelte den Kopf und lehnte es ab. Er war hergesandt worden, um zuzuhören und Bericht zu erstatten. Es war der Pater Capellari, sechs Jahre später hieß er Gregor XVI. Nicht weit von ihm saß der Abbé de la Mennais. dessen Werke er mit Recht in so entschiedenen Ausdrücken verdammt hat. Die Beiden haben wahrscheinlich nie in ihrem Leben so nahe zusammengesessen, wie damals, wo sie einen jungen Engländer den Glauben vertheidigen hörten, dessen Orakel der Eine, dessen bitterer Feind der Andere werden sollte."

Nachdem Wiseman Doctor und Priester geworden, sollte er bald aus der Verborgenheit des englischen Collegs in die Oeffentlichkeit hervortreten.

Es ist nothwendig, hochansehnliche Versammlung, um über die umfassende Thätigkeit des Mannes, von dem ich zu sprechen habe, und über die Vielseitigkeit seiner Leistungen einen Ueberblick zu gewinnen, sein Leben unter einige allgemeine Gesichtspunkte zu bringen, und so wollen wir zuerst seine Verdienste um die Wissenschaft in's Auge fassen.

Das erste Werk, welches unser junger Gelehrter erscheinen ließ, war die Frucht seiner gründlichen orientalischen Studien. — Die Päpste haben von Gott zuerst und hauptsächlich den Auftrag, die übernatürlichen geistigen Schätze, womit Gott die Menschheit begnadigt hat, in ihrer Reinheit und Unversehrtheit zu bewahren. Das ist des Papstes erste Pflicht. Aber daneben haben die Päpste immer auch darnach gestrebt, die übrigen Schätze des Geistes — die natürlichen —, die Schätze der Kunst und der Wissenschaft zu hüten und zu bewahren, zu sammeln und zu pflegen, und St. Peters-Dom in Verbindung mit dem Vaticanischen Palaste, worin der Papst ein paar Zimmer bewohnt, sind ein Ausdruck des Gedankens, den ich so eben ausgesprochen habe. Am Grabe des Apostelfürsten, als Nachfolger Petri, zu dem der Herr gesagt: „Für dich habe ich gebetet, damit dein Glaube nicht wanke, und wenn du bekehrt bist, so stärke deine Brüder," hütet und schützt der Papst die Schätze der Religion. Aber in den weiten Räumen, Sälen und Hallen des Palastes (man rechnet 11,000 Gemächer im Vaticanischen Palast) finden sich angehäuft die Schätze menschlicher Kunst und menschlichen Wissens in ihrer schönsten Form und ihrer herrlichsten Blüthe. Die Kunstgallerien enthalten das Auserlesenste, was die Skulptur bei den Griechen und Römern und in der Neuzeit hervorgebracht hat und was die größten Maler Herrliches geschaffen haben. Und ebenso enthält die Vaticanische Bibliothek in ihren prachtvollen Räumen neben der ausgezeichnetsten Büchersammlung die kostbarsten und seltensten Manuscripte aus dem Alterthum, so daß darin keine andere Bibliothek in der Welt mit der Vaticanischen wetteifern kann.

Der junge Wiseman wußte sich diese Schätze zugänglich zu machen; sein Interesse für die Wissenschaft und für die Kirche führte ihn auch den orientalischen Studien zu, und sein erstes Werk hieß: Horae Syriacae d. h. Syrische Stunden.

Ich würde Sie, hochansehnliche Versammlung, nachdem ich den Titel dieses Buches genannt, mit seinem Inhalte nicht weiter behelligen, wenn es eben nur gelehrte Forschungen enthielte. Aber Wiseman hatte nicht so emsig seine Studien betrieben, einzig, um ein Gelehrter zu sein, sondern er war ein Gelehrter geworden, um als Priester der Sache Gottes und der Kirche zu dienen, und auch bei diesen orientalischen Studien hatte er die Sache Gottes, und zwar das höchste Kleinod der Kirche, das allerheiligste Sacrament des Altars im Auge. In Cambridge, einer der berühmtesten Hochschulen Englands, hatten zwei namhafte

Orientalisten, Clarke und Horne, die Behauptung aufgestellt, daß die Sprache, worin der Herr beim letzten Abendmahle mit seinen Jüngern gesprochen, also die chaldäische, was das nämliche ist, wie jetzt das Syrische, gar keinen Ausdruck für „andeuten," „bedeuten," „darstellen" besitze, so daß also Christus, da er doch nicht griechisch und lateinisch gesprochen, wenn er bei der Einsetzung des heiligen Sacraments zu seinen Aposteln die Worte sprach; „Das ist mein Leib und das ist mein Blut," nur deshalb so gesprochen hätte, weil die syrische Sprache zu arm gewesen, um zu sagen: „Das bedeutet mein Leib und mein Blut; das ist die Figur, die Erinnerung meines Leibes und Blutes." Mit Aufwand großer Gelehrsamkeit hatten also diese bei ihren Glaubensgenossen sehr angesehenen Männer die wahre Gegenwart Christi im heiligen Sacrament bestritten und mittels ihrer orientalischen Kenntnisse die calvinische Glaubensmeinung zu stützen gesucht.

Der junge Gelehrte — er war damals fünfundzwanzig Jahre alt — wagte sich nun für dieses Kleinod unsers Glaubens an die berühmten Doctoren von Cambridge. Aus den Manuscripten des Vaticans hatte er mit bewundernswerthem Fleiße herausgelesen, daß die syrische Sprache, die nach der Behauptung jener Männer zu wortarm ist, um den Unterschied von Sein und Bedeuten, von Wirklichkeit und Zeichen auszudrücken, fünfundvierzig Ausdrücke besitzt, alle geeignet, um die calvinische Lehre über das heilige Sacrament auszudrücken, wenn der Heiland calvinisch, und nicht vielmehr, wie Er es wirklich gethan, Seine wahre Gegenwart hätte lehren wollen. — Das Buch machte in England, so klein sein Umfang war [1]), den größten Eindruck; auch Horne nahm den Passus in der Schärfe, wie er in den vier frühern Auflagen gestanden, in die späteren nicht auf; aber seinen Irrthum widerrief er nicht, sondern unter allerhand Wendungen kam er, als wenn er gegen Wiseman Recht hätte, auf seine frühere Darstellung zurück. — So sehr uns der Sieg des jungen Wiseman freuen muß, so betrübend ist die Erfahrung, daß selbst bei wissenschaftlich gebildeten Männern die offen dargethane Wahrheit über eingewurzelte Vorurtheile so selten siegt!

An dieses Buch reihte Wiseman bald ein zweites, das an Bedeutung jene Horae Syriacae weit übertrifft, ein Buch, das, wenn Wiseman nur dieses eine

---

[1]) Es umfaßt nur 280 Seiten. Es sollte ein zweiter Theil folgen, der aber leider nicht erschienen ist.

Buch geschrieben und sonst Nichts gethan hätte, seinem Verfasser in der Geschichte der Wissenschaften einen bleibenden Ruhm gesichert hätte.

Das ist sein herrliches Buch über die „Verbindung der Ergebnisse wissenschaftlicher Forschungen mit der geoffenbarten Religion [1].“

Selten ist ein Werk in so herrlicher Idee concipirt, selten in so vollendeter Form abgefaßt, selten mit so profundem und so allseitigem Wissen ausgestattet worden, wie diese zwölf Vorträge, die Wiseman im Jahre 1835 in London hat erscheinen lassen.

Er hatte diese Vorträge zuerst vor den Zöglingen des englischen Collegs gehalten, aber bald sprach man in ganz Rom davon, und Cardinal Weld lud ihn ein, in seinem Salon diese Vorträge vor einem großen und auserlesenen Kreise zu halten. Sie wurden für dieses gemischte Publikum etwas umgearbeitet und dann noch einmal überarbeitet, um sodann gedruckt der Welt übergeben zu werden.

Diese Vorträge würden verdienen, hochansehnliche

---

1) Es ist von Dr. Haneberg in's Deutsche übersetzt bei Manz in Regensburg 1856 in zweiter Auflage erschienen.

Versammlung, daß wir uns an mehreren Abenden ausschließlich damit beschäftigten. Freilich seit der Abfassung dieses Werkes ist ein Menschenalter hingegangen, und die Resultate, mit denen Wiseman abschließt, sind nicht genau mehr die Resultate nach dem jetzigen Stande der Wissenschaft; aber sein Grundgedanke ist wahr und bleibt wahr, nämlich: daß alle Resultate wissenschaftlicher Forschungen niemals die Wahrheit der göttlichen und christlichen Offenbarung auch nur im Geringsten zu verletzen im Stande sind; und daß, wenn es zeitweise scheinen mag, daß ein Ergebniß der Forschung nicht vollständig mit einer Lehre der Offenbarung in Harmonie stehe, nur weitere Entdeckungen der Wissenschaft, nur neuere und gründlichere Forschungen abzuwarten sind, um auf's Neue den Triumph des Glaubens über die eingebildeten Zweifel, über die unrichtigen und ungenauen Resultate des menschlichen Wissens herauszustellen.

Unser junger Gelehrter, damals zweiunddreißig Jahre alt, betritt in diesen zwölf Vorträgen alle Gebiete menschlichen Wissens. Er fängt mit der Sprachvergleichung an und beweist sich in den zwei ersten Vorträgen als ein Meister in der Sprachwissenschaft, als ein gründlicher Kenner der alten Sprachen und der Philosophie der Sprache, die namentlich das Resultat der Forschungen unserer deutschen Gelehrten ist. So schwierig dieses Gebiet ist, so trocken es scheint, Wiseman's Darstellung gibt auch für den Laien ein ganz verständliches Resultat. Sodann begibt er sich auf das Gebiet der Naturgeschichte; er untersucht die Lehre von der Einheit des Menschengeschlechtes im Gegensatz zur Lehre von den drei oder fünf oder gar den fünfzehn Menschenracen, wovon unsere ungläubigen Naturforscher reden, und weiset ethnographisch und historisch und anatomisch und physiologisch, gleichsam wie ein Fachmann, nach, daß alle diese Behauptungen auf dem Gebiete der Wissenschaft allein schon durch gründlichere Studien als unstichhaltig und unrichtig widerlegt worden sind. Ebenso kommt er auf die Merkwürdigkeit der vorhandenen Sprachverschiedenheit und auf jene von der heiligen Schrift erwähnte Thatsache der Sprachverwirrung zu Babel zu sprechen; er weist nach, wie dieses von der heiligen Schrift uns berichtete Ereigniß in den Ergebnissen der Sprachforschung seine Begründung findet. Er geht dann speciell in die Medicin ein; er folgt jenen Gottesläugnern und Ungläubigen, die, um über das große Wunder der Auferstehung hinwegzukommen, den wirklichen Tod Christi bezweifelt haben, und weist medicinisch nach, daß die Auferstehung nicht in Zweifel zu ziehen ist. Er nimmt dann das Factum der Sündfluth und zeigt, wie die geschichtlichen und geologischen Forschungen aus allen Theilen der Erde die Geschichte der Sündfluth bezeugen; ebenso bedient er sich der Archäologie und der Münzkunde, um die Schwierigkeiten zu lösen, welche eine glaubenslose Wissenschaft bezüglich einzelner Angaben und Daten der heiligen Schrift erhoben hat. Bei allen diesen interessanten und gelehrten Darlegungen tritt er mit der anziehendsten Bescheidenheit auf, indem er zu verstehen gibt, daß er nicht seine eigenen Forschungen, sondern nur die Resultate des Forschens der gründlichsten Gelehrten in allen diesen einzelnen Fächern mittheile. Von Anfang bis zu Ende liest man deßhalb dieses Werk mit Genuß, ja mit Begeisterung, und ich hätte nur den Wunsch, es möchte Einer gefunden werden, der mit dem Geiste und den Kenntnissen Wiseman's jetzt, nach dreißig Jahren, nachdem ein Menschenalter darüber hingegangen, wiederum sich der Resultate aller wissenschaftlichen Forschungen bemächtigte, um auf's Neue eine so glänzende Rechtfertigung für den Glauben zu schreiben.

Ich wiederhole, daß, wenn dieses Buch das einzige Werk Wiseman's wäre, er sich dadurch unvergänglichen Ruhm bei den Menschen und Lohn bei Gott erworben hätte; denn dieses Buch hat unzähligen Menschen wohlgethan, unzählige Zweifel überwunden, unzählige ängstliche Gemüther beruhigt, ermuthigt und im Glauben befestigt; denn selbst wer den Studien obliegt, ist nicht im Stande, sich auf allen diesen Gebieten so auszubilden, um alle einzelnen Behauptungen, die gegen die Religion und die Thatsachen der h. Schrift erhoben werden, bis in's Kleinste verfolgen und selbst widerlegen zu können. Wenn deßhalb Einer kommt, der so ruhig und so ernst und dabei in so eleganter Form und in so interessanter Weise die Uebereinstimmung der Ergebnisse wissenschaftlicher Forschung mit der geoffenbarten Religion nachweist, wie Wiseman es that, so ist Das für unzählige Menschen in Wirklichkeit eine Wohlthat und für die Sache Gottes ein Triumph. Länger, als die mir zugemessene Zeit es gestattet, habe ich mich bei diesem Hauptwerke Wiseman's aufgehalten. Ich übergehe deßhalb einige andere seiner wissenschaftlichen Leistungen, um ein anderes großes Unternehmen zu besprechen, dessen Anfang in diese Zeit fällt.

Weil die Drucklegung, der Verkauf und die Verbreitung seines Buches von London aus sich besser bewerkstelligen ließ, als von Rom, so begab sich Wiseman im Sommer 1835 nach England. Er nahm seine Reise durch Deutschland und knüpfte bei dieser Gelegenheit mit **Möhler** und **Klee**, mit **Scholz** und **Schlegel**, mit den beiden **Windischmann** und den beiden **Görres** jenes innige „Band des freundschaftlichen Verkehrs und treuer Sympathie," wovon er, fünfundzwanzig Jahre später, in liebevoller Rückerinnerung spricht[1]).

Er blieb das ganze Jahr 1835 in London, beschäftigt mit der Ueberarbeitung und Herausgabe seiner zwölf Vorträge, aber außerdem noch vielfach in Anspruch genommen. Im Frühjahre 1836 kam ein großartiger und wichtiger Plan zur Ausführung, nämlich die Gründung einer katholischen, auf der Höhe der Zeit stehenden **wissenschaftlichen Zeitschrift für Großbritannien**. O'Connel war's und Quin, der eine ein großer Politiker, der andere ein großer Gelehrter, die dem großen Theologen Wiseman den Vorschlag machten, gemeinsam vom Jahre 1836 an die Dublin

---

[1]) Die vier letzten Päpste. S. 380.

Review erscheinen lassen; und er ging, obgleich er die Schwierigkeit nicht verkannte, von Rom aus diese Aufgabe zu lösen, bereitwillig auf den Plan ein; denn eine solche Zeitschrift war eine Nothwendigkeit. Seit der Emancipation (1829) waren die Katholiken in eine ganz neue Rechtsstellung eingetreten, und es erwachte unter ihnen ein neues Leben, das jedoch nicht ohne alle Gefahr war. — Die Katholiken bedurften deßhalb einer geistlichen Direction, einer erleuchteten Belehrung über die Bedeutung der politischen und kirchlichen Ereignisse und über den Werth der wissenschaftlichen Erscheinungen — und die sollte ihnen in der neuen Zeitschrift geboten werden. Außerdem war seit drei Jahren, also im Jahre 1833, jene überaus merkwürdige Bewegung in der anglicanischen Kirche entstanden, welche die Geister so tief in katholische Anschauungen einführte und sie der katholischen Kirche selbst so nahe brachte, daß Manche, namentlich außerhalb England, den Tag erleben zu können meinten, an dem die Anglicaner in Masse in die katholische Kirche zurücktreten würden[1]). Wenn auch nicht solch große Resul-

---

1) Vgl. Gondon, Die religiöse Bewegung in England und die Rückkehr der anglicanischen Kirche zur Einheit. 1845. Mainz bei Kunze.

tate, so hatte der „Puseyismus" wenigstens die Wirkung, daß nach und nach hunderte von Gelehrten, von Geistlichen und anderen hochgestellten Männern aus allen übrigen Ständen den Anglicanismus verließen und sich mit der alten katholischen Kirche vereinigten. Diese in der Zeit liegenden Verhältnisse waren es, welche, wie Wiseman selbst schreibt[1]), ihn bestimmten, auf den Vorschlag einzugehen. Dabei äußert er sich über seine Stellung in folgenden Worten: „Die zwei edlen Männer, mit denen ich mich verbunden, waren Laien, der Eine lebte im Strudel der Politik, der Andere war ein Mann der Wissenschaft und hatte, wie ich glaube, Aussicht, von der Regierung mit einem wichtigen, auswärtigen Posten betraut zu werden. Beide waren ihrem Glauben und ihrer Kirche aufrichtig ergeben. Ich betrachtete als den Zweck meines Beitritts die Aufgabe, die theologischen und religiösen Elemente in der Zeitschrift zu vertreten und ihren Spalten die Reinheit der Lehre zu sichern."

Wiseman arbeitete nun fast achtzehn Jahre hin-

---

1) Abhandlungen über verschiedene Gegenstände. Erster Band. Regensburg 1854. Vorrede S. V u. VII. In diesen drei Bänden hat der Cardinal hauptsächlich Artikel aus der Dublin Review veröffentlicht.

durch mit unausgesetzter Emsigkeit an der Zeitschrift. Noch besteht sie, und hat sie dermalen nicht mehr die nämliche hohe Bedeutung, so hat sie doch die doctrinelle Correctheit sich bewahrt, die ihr zu geben das hauptsächlichste Anliegen und Verdienst Wiseman's war. Die vielen Bände enthalten des Schönen und Herrlichen aus der Feder Wiseman's gar viel, und seine Arbeiten erstrecken sich über die mannigfachsten Gebiete menschlichen Wissens. Er war ein merkwürdig vielseitierg Geist und wußte Allem, was er schrieb, eine Vollendung in der Form und Sprache aufzuprägen, die selbst die Anerkennung und Bewunderung Derer nach sich zog, die den Inhalt als nicht mit ihren Ansichten übereinstimmend bekämpfen zu müssen glaubten. Bald sind es schwierige Fragen aus der heiligen Schrift, die er mit seltener Gelehrsamkeit und zugleich mit populärer Klarheit behandelt; bald sind es Gegenstände des kirchlichen Rechts, die er seinen Lesern klar macht; bald bespricht er wichtige Ereignisse der Welt- oder Kirchengeschichte; bald entwickelt er archäologische Fragen des heidnischen oder christlichen Alterthums; bald unterhält er durch Mittheilungen aus der Länderkunde; immer hat er das Interesse der Kirche im Auge, immer ist er lehrreich und anziehend. So redet er von den Zuständen in Spanien in einer allerliebsten Darstellung, vertheidigt Italien gegen die Vorwürfe, die man diesem Lande, weil dort der Mittelpunkt des katholischen Lebens ist, so gern mit Uebertreibungen macht, nimmt die katholischen Staaten Südamerika's in Schutz oder schildert Gegenstände der Kunst, von denen er gleichfalls fesselnd zu sprechen versteht.

Ganz besonderes Aufsehen machte im Jahre 1836 eine Schrift, die gleichfalls in London erschien: Briefe an einen gewissen Herrn John Poynder, der kurz vorher ein Buch geschrieben hatte mit dem Titel; „Popery in alliance with heathenism" (Papistenthum in Verbindung mit Heidenthum), worin er mit großer Gelehrsamkeit nachgewiesen, daß unsere katholische Religion nichts Anderes sei als Heidenthum, sowohl in ihren Dogmen, wie in ihren Gebräuchen. Der Mann hatte es sich nicht verdrießen lassen, die Ritualien der Kirche durchzustudiren und sich in seiner Weise mit unseren religiösen Gebräuchen und Ceremonien genau bekannt zu machen; aber in Allem, was wir thun, findet er Heidenthum. Vom Weihwasser, das wir nehmen, weist er nach, daß die alten Heiden auch schon vor den Opfern sich gewaschen und besprengt haben; wenn wir die Knie beugen, so hat er in unzähligen Stellen der

Classiker gelesen, daß auch die Heiden zu Zeiten das Knie zu beugen pflegten; wenn wir die Hände zum Gebete falten, so belegt er abermals mit Zeugnissen heidnischer Schriftsteller, daß auch die Heiden mit ausgebreiteten Händen zum Himmel gebetet; und wenn wir Weihrauch anzünden, so hat er bei seinen tiefen Studien auch diesen Gebrauch schon im vorchristlichen Alterthume entdeckt.

Eigentlich kann ein solches Auftreten nur Lachen oder Mitleid erwecken; allein bei dem in England herrschenden Vorurtheil gegen alles Katholische brachte das Buch durch seinen Schein von Gelehrsamkeit einen gewissen Eindruck hervor, und der fanatische Haß, womit es geschrieben, und der Jubel, womit es von einem Theil der englischen Presse begrüßt worden war, forderte eine energische Abfertigung, auf daß die redlichen Protestanten aufgeklärt, die hier und da etwas bestürzten Katholiken ermuthigt würden.

Wiseman war gerade der rechte Mann, um mit John Poynder fertig zu werden. An Gelehrsamkeit stund er ihm wahrhaftig nicht nach, und was man in ihm, der vordem ein so stiller, schüchterne Knabe gewesen, gar nicht hätte erwarten sollen, er behandelt ihn mit einem solchen Witze und Sarkasmus, daß John Poyn=

der ohne Zweifel froh gewesen wäre, wenn er sein Buch nicht geschrieben hätte. Durch diese schriftstellerische Thätigkeit Wiseman's wurden natürlich Aller Augen auf ihn hingezogen, und wenn wir ihn später zu so großer Wirksamkeit berufen sehen, so hängt Das zwar nicht ausschließlich, aber doch zu großem Theil mit dem Eindruck zusammen, welchen das erste Auftreten des jungen Gelehrten in seinem Vaterlande, in befreundeten wie in gegnerischen Kreisen, hervorbrachte. Man mußte es natürlich finden, daß ein Mann von solchem Wissen, von solcher Gewandtheit des Denkens, von solcher Schönheit und Kraft der Sprache eine Berechtigung habe, von seinen kirchlichen Obern auf hohe und einflußreiche Posten gestellt zu werden.

In welchem Geiste übrigens Wiseman alle seine Forschungen betrieb und seinen Studien oblag, davon gibt er selbst Zeugniß, als er im Jahre 1853 — als Cardinal — sich dazu verstand, die besten seiner Aufsätze und kleineren Schriften zu sammeln und in drei Bänden dem Drucke zn übergeben. Er fand bei dem neuen Abdrucke nicht nöthig, etwas von Dem, was er früher geschrieben, zu bereuen oder zu ändern oder gar zurückzunehmen. Er spricht sich über diese Thatsache, die namentlich in unserer Zeit, wo die Meinungen so wanken und schwanken, auffallend erscheinen kann, selbst näher aus, und gibt zu ihrer Erklärung einen Grund an, der in sich selbst so wahr und zugleich für ihn so ehrenvoll und für uns so lehrreich ist, daß ich mir es nicht versagen kann, die eigenen Worte Wiseman's hierüber Ihnen vorzutragen. Er schreibt: „Wenn behauptet würde, eine solche Beständigkeit der Gesinnung komme von der Festigkeit des Charakters oder von gründlicher vorhergehender Ueberlegung oder von sehr früher Reife des Urtheils, so wäre dies eine Prahlerei, die ebenso wenig am Platz, als grundfalsch ist. Nur ein Princip konnte dem Urtheil so vieler Jahre Beständigkeit geben, und in religiösen Ideen kann nur ein Princip unveränderlich bleiben. Wenn ich über diese lange Reihe von Jahren zurückblicke und mich erinnere, wie ein einziger fester Entschluß alle meine Grundsätze für Theorie und Praxis bildete, wenn ich sehe, wie er den Mangel an Wissen, an glänzenden Gaben, an populärer Darstellung ersetzte, so habe ich sicherlich ein Recht, diesen Entschluß als einen Theil der himmlischen Weisheit zu betrachten, den Gott keinem Gliede seiner Kirche verweigert. Und dies war der Entschluß: mich streng unter ihre Führung zu stellen, ihre orthodoxe Lehre allen verführerischen

Theorien zum Trotz zu preisen, die einfache und sich stets gleichbleibende katholische Wahrheit zu lieben, und **dort** die Reinheit der Lehre und die Richtigkeit der Gebräuche zu suchen, wo Gott in der Asche seiner Apostel den reichsten Schatz für die künftige Auferstehung niedergelegt hat. Die unbegränzte Unterwerfung unter die Eine Kirche Christi, die unerschütterliche Anhänglichkeit an ihr Oberhaupt war der Compaß, mit welchem ich meine Fahrt unternahm; und wie ich demüthig glaube, es werde in diesen drei Bänden kein Wort gefunden werden, das mit ihrer Lehre und ihren Gedanken nicht übereinstimmt, so unterwerfe ich Alles, was ich geschrieben habe, **ihrer Berichtigung**[1]."

Erlauben Sie mir, daß ich mit dieser herrlichen Erklärung, durch welche sich Wiseman so recht als einen **katholischen** Gelehrten dargestellt hat, die Schilderung seiner Verdienste um die Wissenschaft schließe, um in aller Kürze seine **Leistungen** als **Prediger** und als **Controversist** zu besprechen.

Bei seiner Vorliebe für ernste Studien hätte Wiseman vielleicht niemals die Kanzel und das Gebiet praktischer Thätigkeit betreten, wenn ihn nicht der Ge-

---

1) Abhandlungen über verschiedene Gegenstände. Erster Band in der Vorrede. S. X.

horsam, die Folgsamkeit gegen den heiligen Vater, die er so eben als Gelehrter so offen und so demüthig bekannt hat, bestimmt hätte, auch **Kanzelredner** zu werden. Es war im Jahre 1827, als er bei einer Audienz, die er um eines anderen Gegenstandes willen bei Papst Leo XII. hatte, von demselben den Befehl erhielt, englischer Prediger in Rom zu werden [1]). Die Sache überraschte ihn, aber der Wunsch des heiligen Vaters, das Betonen dieses Wunsches, duldete keine Einsprache und kein Ablehnen, und danken wir Gott, daß Wiseman die Kanzel betrat; denn was er durch sein lebendiges Wort und durch die stenographisch nachgeschriebenen und dann dem Drucke übergebenen Predigten und Verträge gewirkt hat, stellt sich, was Tiefe der Gedanken und Feinheit der Ausführung betrifft, ganz ebenbürtig seinen wissenschaftlichen Werken zur Seite und übertrifft vielleicht noch die ersteren an Größe des Erfolges.

Er hatte als Prediger in Rom nicht ein bestimmtes, bleibendes Publikum. Die Predigten wurden auch nicht das ganze Jahr hindurch gehalten; sie sollten

---

1) Predigten von Cardinal Wiseman. Uebersetzt von Dr. Kayser und G. Schündelen. Köln 1864. Vorrede S. 1 und 2.

nur allwinterlich vom Advent bis Ostern stattfinden; und zunächst für die Zöglinge des englischen, irischen und schottischen Collegs bestimmt, sollten sie den vielen in Rom anwesenden Familien englischer Zunge Gelegenheit geben, in ihrer Muttersprache das Wort Gottes zu hören. Wiseman hat schon damals nicht nur auf seine jugendlichen Zuhörer, denen er als Muster geistlicher Beredsamkeit galt, sondern auch auf diese Fremden in Rom die allergünstigste Einwirkung geübt, und zwar nicht minder auf Nichtkatholische, als auf Katholiken; denn Gott hat ihn auserwählt, ein Apostel zu werden, um viele, viele Seelen, welche die Wahrheit liebten, aber im Irrthum lebten, in die Kirche und zu ihren reichen Schätzen der Gnade hinzuführen. Er hat sich entschlossen, eine Auswahl dieser seiner Predigten (vielleicht im Vorgefühl seines baldigen Scheidens) im vorigen Jahre erscheinen zu lassen, und man hat sich mit Recht beeilt, sie auch alsbald in einer höchst gewandten Uebersetzung dem deutschen Publikum zugänglich zu machen [1]). Die eine Sammlung handelt größtentheils (und so lautet auch der Titel) „über den Heiland und die allerseligste Jungfrau" und die andere „über das christliche Leben." Die ersteren sind

---

1) Bei Bachem in Köln 1864 und 1865.

mehr dogmatisch, die anderen ganz praktisch; aber welch' fester Glaube, welch' zarte, innige Liebe, welch' kindlich katholische Frömmigkeit weht in allen diesen Predigten! — Was ist der große Mann so ein treues, frommes Kind Mariä, und wie versteht er es, der von Jugend auf in klösterlicher Abgeschiedenheit erzogene, der in der Stille des englischen Collegs weilende Priester bezüglich aller Verhältnisse des christlichen Lebens praktisch zu sein; wie weiß er seinen Zuhörern ihre Standespflichten und zugleich die kleinen frommen Uebungen, an denen aber so viel gelegen ist, so warm und eindringlich zu empfehlen [1]).

Wenn seine Asche längst im Grabe nicht mehr gefunden werden kann, werden seine herzlichen und anregenden Worte noch fortfahren, Gutes zu wirken in den Seelen, die sie lesen und — befolgen.

Im Jahre 1835, als er, wie ich schon anzuführen die Ehre hatte, in London sich aufhielt, um den Druck seiner zwölf wissenschaftlichen Vorträge zu leiten, wurde er auch veranlaßt, Controvers-Predigten zu halten, sechzehn

---

1) Das thut er namentlich in zwei herrlichen Aufsätzen aus dem Jahre 1843: „Versuch über die mindern Gebräuche und Kirchenandachten" im ersten Band seiner Abhandlungen.

Vorträge über die hauptſächlichſten Unterſcheidungs=
punkte der proteſtantiſch=anglicaniſchen und der katho=
liſchen Religion. Bald war die Kirche, worin er zuerſt
auftrat, zu klein und er mußte in die damals größte
katholiſche Kirche Londons, St. Maria in Moorsfield,
überſiedeln, ein für jede Stadt ſchönes und geräumiges
Gebäude. Aber die wirklichen Zuhörer waren die we=
nigſten, die durch dieſe Predigten belehrt und von der
Wahrheit des katholiſchen Glaubens durchdrungen wor=
den ſind. — Wenn man Wiſeman's Werk lieſt und den
Erfolg deſſelben betrachtet, ſo kann man als Deutſcher
ſich eines traurigen Gedankens nicht erwehren. Faſt
zur ſelben Zeit, nur wenige Jahre früher, als Wiſe=
man die Unterſcheidungslehren zwiſchen anglicaniſcher
und katholiſcher Religion darſtellte, hatte in Deutſch=
land ein ausgezeichneter Mann denſelben Gegenſtand
behandelt, nämlich die Darſtellung der dogmatiſchen
Gegenſätze der Katholiken und Proteſtanten[1]). An
Feinheit des Geiſtes, an Eleganz der Form, an Klar=
heit und Ruhe der Entwickelung ſteht unſer **Möhler**
Wiſeman nicht nach. Sein Buch, ſeine Symbolik iſt
auch in mehreren tauſend Exemplaren über Deutſch=

---

1) **Möhler's** Symbolik erſchien in erſter Auflage
1832, in ſiebenter 1864.

land verbreitet. Beim ersten Erscheinen hat sie gewaltiges Aufsehen gemacht; viele und angesehene Gelehrte aus dem gegnerischen Lager haben sich daran gegeben, sie zu studiren, auch versucht, sie zu widerlegen; es wurde gar viel darüber gestritten, und ich weiß nicht zu sagen, wie viel Recensionen in den Zeitschriften und Literaturblättern darüber erschienen oder gar, wie viel Predigten dagegen gehalten worden sind. Aber ich glaube kaum, daß Möhler den Trost gehabt, so viel Individuen durch sein Buch bekehrt zu sehen, als hunderte, und wohl gar tausende, durch Wiseman's Werk, durch seine „Vorträge über die vornehmsten Lehren und Gebräuche der katholischen Kirche" wiederum in die Kirche eingeführt wurden. — Ach, ist denn der deutsche Geist für die Wahrheit so unzugänglich oder ist der Wille unserer irrenden Brüder seit der dreihundertjährigen Trennung so schwach und kraftlos, daß er den Muth nicht hat, die Hindernisse zu überwinden, die freilich mehr oder weniger bei jeglicher Conversion vorhanden sind? O möchte Gott auch bei uns einen Mann erwecken, der es versteht, mit überzeugender Kraft und gewinnender Milde [1]) die Irr-

---

1) Ich kann es mir nicht versagen, hier die Worte abdrucken zu lassen, womit der heilige Augustinus eine

thümer und Trugschlüsse, an denen sie bisher gehalten, aufzuklären, ihre Vorurtheile zu zerstreuen und die

seiner polemischen Schriften gegen die Manichäer eröffnet, und worin der große Lehrer ausspricht, in welcher Weise die Controverse mit Andersgläubigen geführt werden muß, um Erfolg zu versprechen. Man wird, ich zweifle nicht, diese Worte mit Interesse lesen.

„Ich bete unablässig zu dem allmächtigen Gott, daß er mir bei der Besprechung und Widerlegung eurer Irrthümer, die wohl mehr in eurer Schwachheit als in eurer Schuld ihre Quelle haben, den Geist des Friedens und der Milde einflöße, der mehr daran denkt, euch zu gewinnen, als euch zu überführen.... Mögen Jene euch mit Strenge behandeln, die nicht wissen, wie schwierig es ist, die Wahrheit zu finden und den Irrthum zu vermeiden. Mögen Jene euch mit Strenge behandeln, die nicht wissen, wie viele Mühe es kostet, sich über Einbildungen und Vorurtheile durch den Ernst eines gläubigen Geistes zu erheben. Mögen Jene euch mit Strenge behandeln, die die Schwierigkeiten nicht kennen, welche man hat, um das innere Auge des Menschen zu heilen und es fähig zu machen, die Wahrheit, welche die Sonne des Geistes ist, zu schauen.... Was mich betrifft, so kann ich euch, die ihr durch lange Angewöhnung in euern Einbildungen befangen seid, unmöglich mit Strenge behandeln; ich erachte es vielmehr

Bedenken der Menschenfurcht zu beseitigen! Der Charakter des Engländers, das läßt sich nicht bestreiten, hat darin Etwas vor dem unsrigen voraus; heftiger in der Abneigung, geht er, wenn er einmal an Dem, was er bisher für wahr gehalten, zu zweifeln beginnt, mit energischer Consequenz vorwärts; er forscht und sucht die Gründe auf, pro oder contra, um sich zu überzeugen, und nimmt sodann furchtlos alle Folgen der neugewonnenen Ueberzeugung hin. Wenn es doch auch in Deutschland also wäre! Freilich, Niemand soll katholisch werden, der sich nicht von der göttlichen Wahrheit der katholischen Religion vollkommen überzeugt hat. Aber die Wahrheit, die Gott geoffenbart hat, trägt sicherlich den Beruf und die Kraft in sich, in die menschliche Seele einzudringen und sich als Wahrheit geltend zu machen; woran liegt es nun, daß selbst die gelungensten Darstellungen so geringen Erfolg bei uns haben? — Unglückselige Zustände, wo die göttliche Wahrheit so wenig über den menschlichen Irrthum vermag! — Während England jedes Jahr hunderte der angesehensten Per-

---

für meine Pflicht, euch mit derselben Geduld zu ertragen und mit derselben Milde zu behandeln, die man mir erzeigte, als ich noch, wie ihr, mit blindem Eifer dem Irrthum ergeben war." Cont. epist. fundament. n. 1. 2.

sönlichkeiten sich zur Kirche wenden sieht, sind solche Conversionen bei uns verhältnißmäßig noch seltene, aber deßhalb um so anerkennungswerthere Erscheinungen, die als Gnaden Gottes mehr durch's Gebet erlangt, als durch die Kraft wissenschaftlicher Argumente herbeigeführt werden können.

In demselben Winter 1835 auf 1836 veröffentlichte Wiseman auch ein besonderes Werk über „die wirkliche Gegenwart des Leibes und Blutes Jesu Christi im heiligen Abendmahle." Das heilige Altarssacrament ist der Cardinalpunkt, um den es sich zumeist bei den Bekehrungen in England dreht. Es ist verhältnißmäßig leicht, einen Engländer von der Wahrheit der anderen Lehrsätze der Kirche zu überzeugen; z. B. wie nothwendig eine Autorität in Glaubenssachen, wie unentbehrlich die apostolische Nachfolge der Bischöfe, wie begründet in der heiligen Schrift der Primat Petri u. dgl. m. Er sieht es leicht ein, wenn einmal der Strahl der Gnade ihn berührt, daß die bischöfliche Hierarchie der anglicanischen Kirche nicht hinaufreicht bis zur Wurzel, bis auf Petrus und Christus, da sie erst unter Heinrich VIII. oder Eduard VI. begonnen hat. — Aber jenes Wunder des Glaubens und der göttlichen Liebe, wonach Christus der Herr wahrhaftig im Sacrament gegenwärtig ist, ist meist ein Gegenstand harten Zweifels und langen Kampfes, und die Irrlehrer haben es verstanden, so viel Scheingründe dagegen aufzubringen, so daß es selbst Gutgesinnten schwierig wird, sich von der Wahrheit zu überzeugen. — Wiseman behandelt in diesem Buche nur die Beweise aus der heiligen Schrift, indem er jene Stellen exegisirt, in denen der Heiland und der heilige Paulus vom allerheiligsten Sacramente sprechen. Für unseren Geschmack und unser Bedürfniß ist er bei seiner Erklärung und Beweisführung vielleicht etwas zu ausführlich, aber ganz richtig dem englischen Naturell sich anpassend, weist er Schritt vor Schritt nach, daß eine andere Auslegung dieser Worte der heiligen Schrift, als von der **wahren** und **wirklichen** Gegenwart Christi, ganz unzulässig ist. Der Erfolg dieser Schrift hat bewiesen, daß er in Form und Inhalt für sein Publicum das Rechte getroffen; sie machte großes Aufsehen und bewirkte zahlreiche Conversionen.

Eine andere Schrift, die gleichfalls polemischer Natur ist, darf ich nicht unerwähnt lassen; denn so klein dem Umfang nach, so durchaus neu ist sie dem Gedanken nach; ich meine die Schrift: „Unfruchtbar=

keit der von Protestanten unternommenen Missionen¹)."

Der Gedanke Wiseman's hat vor einigen Jahren durch einen gelehrten und geistvollen Schüler Wiseman's, T. W. M. Marshall, eine vortreffliche Ausführung und Erweiterung gefunden. Ich empfehle Marshall's herrliches Buch: „Die christlichen Missionen, ihre Sendboten, ihre Methode und ihre Erfolge" Ihrer Aufmerksamkeit. Sie werden sich dadurch eine ebenso lehrreiche, als unterhaltende Lectüre verschaffen und mir es danken, daß ich Sie darauf hingewiesen habe. Der Plan aber, der Grundgedanke gehört Wiseman an; und merkwürdig — die erste Correctur dieser kleinen Schrift hat Papst Gregor **XVI.** besorgt, damals als er noch Cardinal und Präfect der Propaganda war. So sehr interessirte ihn, was der junge Wiseman geschrieben, daß er ihm die Bogen

---

1) Sie ist ursprünglich italienisch geschrieben und im Jahre 1831 in Rom gedruckt. Eine deutsche Uebersetzung erschien in Augsburg 1835. Eine englische Bearbeitung hat der Verfasser nicht erscheinen lassen, aber den größten Theil des Materials in den sechsten Vortrag über „die vornehmsten Lehren und Gebräuche der katholischen Kirche" aufgenommen.

durchſah; und als er Papſt geworden, war, wie Wiſeman erzählt, das erſte Wort, welches er ihm ſagte: „Sie müſſen jetzt Ihre Correcturbogen ſelbſt nachſehen; ich fürchte, ich werde fortan nicht Zeit mehr dazu haben, ſie zu corrigiren[1].“

In ſeiner Schrift führt er den Gedanken aus, deſſen Richtigkeit alsgleich einleuchtet, daß trotz der immenſen Geldmittel, trotz aller Anſtrengungen der Proteſtanten, ihre Miſſionen unfruchtbar ſind, weil ihre Miſſionäre keine göttliche Sendung und keinen göttlichen Segen haben, während die katholiſchen Miſſionäre trotz der Armuth, unter der ſie darben, und trotz der Schwierigkeiten, die ſie überall finden, in der That die Gnade haben, Völker zu bekehren und das Reich Chriſti auszubreiten, weil ſie die rechte Sendung und Weihe und den Segen Gottes haben. Wiſeman ſtellt kurz die ungeheuern Geldopfer zuſammen, welche die Proteſtanten Englands in ihren Bibelgeſellſchaften und anderen Vereinigungen zu Miſſionszwecken aufbringen, und daneben die verhältnißmäßig kleine Summe, die die katholiſche Kirche durch die geſchmälerten Mittel der Propaganda und durch freiwil=

---

1) „Die letzten vier Päpſte.“ S. 303.

lige Gaben für Missionszwecke auszugeben im Stande ist, und macht dabei auf die Verschiedenheit der Erfolge aufmerksam, indem die protestantischen Missionen, weit entfernt, die Bekehrung und Gesittung der Heiden zu bewirken, damit enden, jene Völker zu vernichten und auszurotten, während dagegen die katholischen Missionen in alle Zonen der Erde mit dem Segen des wahren Glaubens zugleich die Civilisation gebracht haben und bringen. — Die verhältnißmäßig kurzen Andeutungen, welche das Büchlein Wiseman's gibt, sind, wie bereits bemerkt, im herrlichen Buche von Marshall des Weiteren ausgeführt; und es hat dadurch die Wissenschaft der Apologetik einen neuen Beweis für die Göttlichkeit der Kirche gewonnen, einen Beweis, auf den freilich schon unser göttlicher Heiland hingewiesen hat, als er von dem Baume sprach, dessen Güte man an den Früchten erkennt, und als er seinen Jüngern die Verheißung gab, bei ihnen zu bleiben bis an's Ende der Welt. —

Wiseman hat, und Das darf ich hier am allerwenigsten übergehen, später noch, als er bereits mit dem Purpur geschmückt war und die Angelegenheiten der katholischen Kirche in England zu leiten hatte, in anderer Weise sich als einen der geschicktesten Controversisten bewiesen, nämlich in seiner, ohne Zweifel, Ihnen wohlbekannten „Fabiola[1])." Das ist kein Roman, keine erdichtete Erzählung, die etwa durch ihre schöne Darstellung und ihre spannenden Verwickelungen das Gemüth ergreift und die Phantasie aufregt; nein — ein Roman hätte Das nicht wirken können, was die „Fabiola" gewirkt hat; sondern es ist eine überaus geistreiche, fein angelegte und auf einen Leserkreis, der eigentlich nur Unterhaltung verlangt, mit großem psychologischen Verständniß berechnete Controversschrift — eine wahre und zwar eine glänzende Apologie der alten katholischen Kirche. Bald erzählend, bald wiederum belehrend, gibt er im interessanten und amüsanten Gewande einer derartigen Erzählung eine Vertheidigung und Begründung fast aller von den Protestanten bestrittenen Lehren und Gebräuche, so daß seine „Fabiola" da, wohin seine Bücher, seine Vorträge über die Gebräuche der Kirche nicht einbringen können, die Vorurtheile besiegt und die Herzen für den katholischen Glauben gewinnt.

Wenn man die Ansichten und Lebensgewohnheiten

---

1) **Fabiola** oder die Kirche der Katakomben. Uebersetzt von Dr. Reusch. Köln bei Bachem. Sechste Auflage 1864

der höheren Gesellschaft in England (und auch anderwärts) kennt, so sieht man, wie Wiseman in der Schilderung der noch unbekehrten Fabiola das eitle Weltleben darstellt, das bei allem Ueberfluß Geist und Herz unbefriedigt läßt, um daneben in der alleranziehendsten Weise zu zeigen, wo der wahre Friede und wo die ächte Liebe und Gesittung zu finden ist. Doch ich brauche Ihnen das Büchlein nicht zu schildern, denn Sie kennen es wohl alle, und wenn Sie es noch nicht kennen sollten, so werden Sie bei dessen Lectüre es bedauern, daß Sie dasselbe nicht früher gelesen und gekannt und vielen Anderen empfohlen haben. Das herrliche Büchlein ist, wie uns in der Vorrede erzählt wird, „zu verschiedenen Zeiten und an mancherlei Orten geschrieben, früh und spät, wenn keine Pflicht drängte, in freien Augenblicken, wenn der Körper zu ermüdet oder der Geist für eine schwerere Beschäftigung zu abgespannt war;" aber das beweist um so mehr die Meisterschaft, die Genialität seines Verfassers. Zu gleicher Zeit tritt darin sein ganzes Wesen zu Tag. Wie kennt er das klassische, wie das christliche Alterthum, und mit welcher Feinheit weiß er, ohne ausführliche Schilderungen oder gelehrte Beweisführungen zu geben, Alles so anschaulich, überzeugend und ergreifend darzustellen! Viele

Leute haben über den katholischen Glauben ganz andere Begriffe bekommen durch dieses kleine und liebenswürdige Büchlein!

Wir sehen aus Dem, was ich über die schriftstellerische Thätigkeit Wiseman's, freilich nur in kurzen Andeutungen, sagen konnte, welch' ein universeller Geist er war! Wer würde glauben, daß der Verfasser der Horae Syriacae und der Verfasser der Fabiola ein und derselbe Mann wäre. Dort war er jung und schrieb seine ernstgelehrten Beiträge zur besseren Kenntniß der syrischen Sprache und Literatur; hier war er Cardinal der heiligen römischen Kirche und schrieb diese anmuthigen Bilder aus dem Leben der ersten Christen. Jedoch — hierin offenbart sich nicht allein die Universalität seines Geistes, sondern noch mehr die Universalität seiner Liebe; denn mit Allem, was er wußte, und mit Allem, was er konnte, und mit Allem, was er that, wollte er der Kirche und den Seelen dienen. Galt es, hochberühmte Gelehrte zu bekämpfen und die Irrthümer zu widerlegen, welche sie mit ihrer Wissenschaft in den Geistern festzuhalten strebten, so trat er auf in der schweren Rüstung einer ausgebreiteten und gründlichen Gelehrsamkeit; und galt es, einfache Seelen darauf aufmerksam zu machen, daß die neue

Kirche, die erst fünfzehnhundert Jahre nach Christus entstanden, nicht die reine und wahre Lehre Jesu habe, worin die ersten Chriuen dem Herrn gedient, so verfaßte er für diese seine „Fabiola."

Hochansehnliche Versammlung! In meinem heutigen Vortrage habe ich noch nicht das ganze Bild der großen Thätigkeit Wiseman's Ihnen darstellen können. Ich habe gesprochen von seinen Verdiensten um die Wissenschaft und von seinen Leistungen als Prediger und als Controvers-Schriftsteller. Es erübrigt mir noch, Ihnen zu zeigen, was er als Bischof für England, und was er als Cardinal für die Interessen der Gesammtkirche gethan hat, und ich bitte, mir auch für den nächsten Vortrag Ihre Nachsicht und Geduld gewähren zu wollen.

II.

Hochansehnliche Versammlung! Wohl in keinem anderen Lande Europa's ist die Glaubensneuerung des sechzehnten Jahrhunderts mit solcher Gewaltthätigkeit eingeführt und zugleich mit solcher hartnäckigen Grausamkeit aufrecht erhalten worden, als in England.

Heinrich VIII. hatte noch im Jahre 1521 vom Papst den Titel eines „Vertheidigers des Glaubens," den die Herrscher Großbritanniens bis auf den heutigen Tag fortführen, durch seine Schrift gegen den deutschen Reformator sich verdient; als er aber den apostolischen Stuhl für seine fleischlichen Gelüste so wenig nachgiebig fand, kannte sein Haß gegen die Kirche keine Grenzen mehr, und es begann eine Verfolgung, die durch fast dreihundert Jahre die Katholiken Englands schwer bedrängte. Nicht nur wurden, nachdem sich der König selbst auch zum Oberhaupte der Kirche erklärt hatte, die kirchlichen Einkünfte eingezogen und sämmtliche Klöster aufgehoben, nicht nur wurden

Alle, welche seiner Willkür muthig entgegentraten, für ihren Freimuth mit dem Tod bestraft¹); es ward auch durch ihn eine Gesetzgebung in England begründet und durch seine Nachfolger vervollständigt, die auf gänzliche Ausrottung des katholischen Glaubens in England hinzielte. Die Treue gegen die alte Kirche, gegen die katholische Religion, die England früher so glücklich gemacht hat²), ward mit unerschwinglichen Geldstrafen, mit Vermögensconfiscation, Einsperrung und qualvollem Tode bestraft; während unterdessen das englische Volk, dem man die Katholiken als Verschwörer und Landesverräther und die katholische Religion als den Inbegriff aller Thorheit und Abscheulichkeit hinstellte, mit solch fanatischem Hasse gegen alles Katholische erfüllt wurde, daß selbst heute noch die englischen

---

1) Vgl. Alzog, Kirchengeschichte, siebente Auflage, S. 819. König Heinrich VIII. ließ 2 Königinnen, 2 Cardinäle, 20 Bischöfe, 13 Aebte, 500 Prioren und Mönche, 38 Doctoren der Theologie und Jurisprudenz, 12 Herzoge und Grafen, 164 Edelleute, 124 Bürger und 110 Frauenspersonen hinrichten.

2) Vgl. hierüber die interessanten Briefe von William Cobbet in seiner Geschichte der Reform in England. Vierte Auflage. 1862. S. 147 u. ff

Staatsmänner es nicht unternehmen, sämmtliche alte Strafbestimmungen, die freilich nicht mehr exequirt werden, aber eigentlich noch Gesetzeskraft haben, wirklich durch Parlamentsbeschluß aufzuheben.

Unter solchen Verhältnissen, hochansehnliche Versammlung, darf es uns wahrhaftig nicht wundern, wenn die Zahl der Katholiken, so treu sich auch Viele benahmen, und so wundervoll muthig namentlich der Clerus dastand, allmählig so abnahm, daß im Jahre 1755 nur noch 66,000 Katholiken in England wohnten, und daß, als endlich das Parlament im Jahre 1778 den Katholiken Cultusfreiheit (keineswegs bürgerliche oder politische Rechte) bewilligte, alsbald im Jahre 1780 eine gewaltige Aufregung in London entstand und die fanatisirten, von Lords geführten Massen auf die Capellen und auf die Wohnungen der angesehensten Katholiken losstürmten, sie verwüsteten oder in Brand steckten und selbst das Parlament bedrohten. Der Antrag, den Katholiken nicht zwar volle Gleichstellung, aber doch Antheil an politischen Rechten zu gewähren, ging im Jahre 1807, als er zum ersten Male gewagt wurde, beim Parlament nicht durch und hatte in den Jahren 1813, 1819, 1821 und 1825 dasselbe Schicksal, bis endlich im Jahre 1829 nach dreihundertjähriger Be=

drückung die Katholiken-Emancipation ausgesprochen ward.

Ich mußte, hochansehnliche Versammlung, diesen kurzen historischen Rückblick machen; denn dieser Parlamentsbeschluß vom Jahre 1829 änderte die Lage der Katholiken in England vollständig. Mit der Emancipation beginnt eine neue Periode in der Kirchengeschichte Englands.

Noch muß ich aber, ehe ich zum eigentlichen Gegenstand meines heutigen Vortrages, zur Schilderung der Verdienste Wiseman's als Bischof und Cardinal, übergehen kann, eines anderen Ereignisses erwähnen, dessen Kenntniß durchaus nöthig ist, um das Wirken Wiseman's gehörig würdigen zu können. — Wie bereits gesagt, hatte man das englische Volk mit unglaublicher Abneigung gegen alles Katholische erfüllt; und es ließ sich hienach gar nicht absehen, wann und wie eigentlich diese fanatische Antipathie und das auch die Besseren beherrschende Vorurtheil überwunden werden könnte. Jedoch der Geist Gottes weht, wo er will, und so begann unerwartet, um mich der Ausdrücke Wiseman's selbst zu bedienen, „jene wundervolle Bewegung, welche, von Oxford ausgehend, das ganze Gebiet der anglicanischen Kirche zu durchdringen und zu erschüttern bestimmt war, bis dieselbe viele ihrer liebsten und begabtesten Söhne an die katholische Kirche zurückgeben mußte[1])."

Ohne von Menschen angeregt zu sein, erwachte in den Herzen dieser Doctoren von Oxford ein solch' religiöser Ernst, ein solch' positiver Glaube, ein solches Wohlgefallen am christlichen Alterthum, ein solches Verständniß und Hochschätzen der heiligen Kirchenväter, und dabei eine solche Liebe zur Einheit, daß sie, dem Zuge der Gnade folgend, die Vereinigung mit der katholischen Kirche wünschenswerth, ja nothwendig fanden.

Die Sache wurde anfänglich von den Katholiken Englands, welche sich erst selbst in ihre neue politische Stellung hinein finden mußten, wenig beachtet, ja sogar, wie Wiseman sagt[2]), vielfach verkannt; aber Gott hatte bereits den Mann, dessen er sich als hauptsächlichstes Werkzeug zur Emporhebung der Kirche Englands bedienen wollte, ausgewählt und vorbereitet, und dieser Mann ist kein Anderer als N i c o l a u s W i s e m a n.

---

1) Abhandlungen. Erster Band. Vorrede S. 5.
2) Abhandlungen. Zweiter Band. S. V.

Nach der Drucklegung seiner verschiedenen Werke, von denen ich in meinem ersten Vortrage vor Ihnen zu sprechen die Ehre hatte, und nach der Gründung der Dublin Review, ging Wiseman wiederum im Frühling 1836 in's englische Colleg nach Rom zurück. Seine Zeit war seinen Berufsgeschäften als Rector und wissenschaftlichen Arbeiten gewidmet; zugleich aber gab ihm die in Rom ausgebrochene Cholera Gelegenheit, Beweise seiner thätigen Nächstenliebe abzulegen. Er bot die Räumlichkeiten des Collegs zur Einrichtung eines Hospitals an; und als er in Folge hievon mit den Alumnen auf die Villa bei Frascati überzog, übte er dort Werke der Liebe gegen die Kranken und arme, durch die Cholera verwaiste Kinder [1]).

Bald aber sollte er aus der ihm liebgewordenen Stille des englischen Collegs in einen neuen weiteren und überaus segensreichen Wirkungskreis durch die göttliche Vorsehung und durch den Willen seiner Vorgesetzten geführt werden.

Papst Gregor XVI., der lange Zeit als Präfect der „Propaganda" die kirchlichen Angelegenheiten Englands geleitet hatte und das lebhafteste Interesse

---

1) Die letzten vier Päpste. S. 331 ff.

an der Entwickelung der katholischen Kirche in dem mächtigen Großbritannien nahm, beschloß, die Zahl der vier apostolischen Vicariate zu verdoppeln und damit auch die Zahl der in England wirkenden Bischöfe zu vermehren. Bei dieser Gelegenheit (30. Juli 1840) ernannte der Papst den Dr. Wiseman, den er sehr schätzte, zum Coadjutor des Bischofs Walsh im Midlanddistrict.

Wiseman's bischöfliche Wirksamkeit, die mit dem Jahre 1840 beginnt und beinahe volle fünfundzwanzig Jahre zählt, zerfällt in zwei Abschnitte, von denen der erste die Zeit umfaßt, da er apostolischer Vicar in Birmingham und London, und der zweite, da er Erzbischof von Westminster war.

Ich werde mich bemühen, dieses große und segensreiche Wirken in möglichster Kürze Ihnen darzustellen.

Seine erste Sorgfalt sollte er der großen Unterrichtsanstalt zuwenden, welche die Katholiken in Oscott bei Birmingham besaßen. Die englischen Katholiken hatten es erkannt, daß es von der größten Bedeutung und Wichtigkeit sei, alle Kräfte auf tüchtige Bildung des Clerus, wie der hervorragenden Laien zu concentriren. So hatten sie in schlimmeren Zeiten dieses

Collegium zu Oscott gegründet, das nun unter Wise=
man's Leitung erweitert und gehoben, und so der Ver=
wirklichung seiner großen Bestimmung näher gebracht
werden sollte. Es ist Großes, was er auf diesem klei=
nen Raume leistete, und eine englische Zeitschrift, die
im Jahre 1862 sich über seine Thätigkeit ausgespro=
chen, sagt nicht zu viel, wenn sie über sein Wirken in
Oscott bemerkt: „Er hat sich Anspruch auf die Dank=
barkeit von Hunderten erworben, welche unter seiner
Leitung den besten Theil ihrer Erziehung erhalten
haben [1].“

Es wäre über diesen Punkt mehr zu sagen, es
wäre vielleicht von einiger praktischen Wichtigkeit, vor
Ihnen die Bedeutung solcher durchaus kirchlichen und
freien Lehranstalten hervorzuheben und auf ihre Noth=
wendigkeit in Deutschland hinzuweisen, aber die Kürze
der Zeit macht es mir zur Pflicht, mich auf diese weni=
gen Worte zu beschränken.

So sehr Wiseman bemüht war, seinen Zöglingen eine
sowohl in wissenschaftlicher als in religiöser Beziehung
vollkommene Ausbildung zu geben, so war er nicht min=

---

[1] Home and Foreign Review. October 1862.
p. 502.

der darauf bedacht, unter den Katholiken Englands das eigentlich fromme katholische Leben zu pflegen, denn er war überzeugt, daß der Aufschwung der Kirche in England nicht einzig, und nicht einmal hauptsächlich, von der äußeren Entfaltung und Rechtsstellung bedingt sei, sondern von der inneren Erstarkung der Katholiken selbst in Glaube, Frömmigkeit und Gottseligkeit. In der „Dublin Review" finden sich zwei außerordentlich schöne Abhandlungen „über die minderen Gebräuche und kirchlichen Andachten," worin der spätere Cardinal auf Alles eingeht, was zu einem recht bis in's Detail geheiligten und frommen, sowohl individuellen als Familien-Leben gehört. In den Zeiten der Unterdrückung hatten natürlich nicht alle Andachten und Gebräuche so beobachtet und gepflegt, die frommen Uebungen nicht so eingehalten werden können, wie sie in ganz katholischen Ländern heimisch sind.

Wiseman, Ire von Geburt, in Spanien von dem lebendigen Glauben des dortigen Volkes angeweht, dann in Rom so lange Zeit unter den mächtigen Einflüssen stehend, welche die ewige Stadt in so mannigfacher Weise auf empfängliche Gemüther ausübt, hatte Sinn für alles Dies und kannte dessen ganze Bedeutung.

Er setzte nun den Katholiken Englands in ebenso einfacher als überzeugender Weise auseinander, wie wichtig es sei, nicht nur die katholischen Dogmen zu glauben und die Gebote der Kirche zu halten, sondern bis in's Kleinste ein frommer katholischer Christ zu sein.

Ebenso war es sein Bemühen, manche gottesdienstliche Gebräuche und Andachten, die vordem in den kleinen abgelegenen Capellen nicht wohl zur Ausübung hatten kommen können, nun in den katholischen Kirchen Englands einzubürgern, und seinem Eifer ist es, um Ihnen ein Beispiel anzuführen, größtentheils zu danken, daß das vierzigstündige Gebet, die feierliche Anbetung des allerheiligsten Sacraments, in England eingeführt wurde. — In seinen Schriften findet sich zu diesem Zwecke ein außerordentlich schönes Hirtenschreiben aus dem Jahre 1849.

Da den Katholiken öffentliche Rechte eingeräumt worden waren, so hielt Wiseman darauf, daß sich nunmehr auch der katholische Cultus in seiner ganzen Pracht und Herrlichkeit entfalte, theils um die Katholiken selbst zu erbauen, theils um die Andersgläubigen anzuziehen und sie zu überzeugen, wie sehr die Katholiken von der Heiligkeit ihrer Religion und von dem Werthe des Gottesdienstes, namentlich des allerheiligsten Opfers, durchdrungen sind. Es war darum seine Sorge, in London selbst eine großartige Kirche, die als Cathedrale dienen sollte, zu erbauen. Dieselbe erstand unter der Leitung des berühmten Architecten Pugin, eines Convertiten. Diese St. Georgs-Cathedrale ward unter großer Feierlichkeit im Jahre 1848 eingeweiht. Zwei Erzbischöfe und zwölf Bischöfe, worunter auch Deutsche nicht fehlten, und zweihundertundsechzig Priester waren bei der Einweihung dieses herrlichen Tempels zugegen, der merkwürdiger Weise auf demselben Platze steht, auf welchem Lord Gordon im Jahre 1780 den Pöbel von London mit dem Rufe: „Tod den Papisten!" aufgefordert hat, die katholischen Capellen in Brand zu stecken und auf's Parlament loszumarschiren. — Die Times äußerten damals, nach einer ausführlichen Beschreibung dieser imposanten Feier, „daß dieselbe wohl im Stande gewesen, jedem protestantischen Engländer für das protestantische Besitzthum der Insel Furcht einzujagen." Jedoch diese und manche ähnliche Entfaltung der Pracht und Würde unseres Gottesdienstes hat nicht Furcht und Abscheu, sondern bei vielen Protestanten Andacht, Liebe und Glaube eingeflößt; denn fast immer hatten diese großen Feierlichkeiten zahlreiche Conversionen im Gefolge.

Die seelsorgliche Thätigkeit Wiseman's zur Bestärkung der Katholiken im Glauben war allezeit verbunden mit dem liebevollsten Eifer, die Protestanten zu bekehren. Ich habe schon oben erwähnt, daß Wiseman es anfänglich allein war [1]), der im Jahre 1835 jene Puseyitische Bewegung, die von Oxford ausging, in ihrer wirklichen Bedeutung erkannte. Sein Bemühen, den nach Wahrheit Suchenden die Hand zu reichen, wurde bald, unter der allmäligen Mithilfe gleichgesinnter eifriger Priester, vom allergrößten Erfolge begleitet. Aber so groß das Verlangen war, die Wiedervereinigung der Getrennten zu fördern, so fern lag der Gedanke, daß die katholische Kirche

---

1) Er sagt selbst 1853 in der Vorrede zu den „Abhandlungen" im zweiten Band: „Es ist jetzt nur noch wenig in Erinnerung, wie kalt die Ansichten (der Puseyiten) aufgenommen wurden, wie wenig Unterstützung sie außer den Spalten der Dublin Review erhielten, wie systematisch sie vielmehr von unserer periodischen Presse bekämpft wurden. Es ist ferner nicht bekannt, wie dem Vertheidiger hoffnungsvoller Ansichten (also Wiseman selbst) Freunde Vorstellungen machten, wie sie ihn als einen Enthusiasten behandelten, der sich eine Grube bitterer Täuschung grabe u s. w.

Concessionen [1]) machen solle und könne, um, etwa auf der Hälfte des Weges, den Rückkehrenden entgegenzukommen und ihnen den Eintritt in die Kirche dadurch zu erleichtern. Mit **derartigen** Vermittelungen, die man seit der Glaubensspaltung vielfach — namentlich in Deutschland — versucht hat, ist niemals Etwas gewonnen worden. Gott hat nur Eine Kirche gestiftet, welcher Er die Schätze seiner Wahrheit und Gnade übergeben hat, und welche **allein** dieselben in Unversehrtheit bewahrt und sie den Menschen zu ihrer Heiligung und Beseligung mitzutheilen die Vollmacht besitzt. Diesen Standpunkt hat Wiseman (und überhaupt der Clerus in England) bei dem Werke der Conversionen mit aller Entschiedenheit festgehalten; „es konnten," sagt er [2]), „dem Irrthum keine Einräumungen, keine Zugeständnisse gemacht werden; das würde sowohl theologisch falsch, als praktisch verderblich gewesen sein. Es

---

1) Es wurden solche hie und da begehrt. So sprach der anglicanische Bischof von Oxford in einer am 23. Juni 1842 gehaltenen Rede: „Ohne Zweifel ist der Bischof von Rom der erste Bischof der Welt; aber Rom hat Reformen vorzunehmen, ohne welche die Herstellung der Einheit unmöglich ist." Bei Gondon. S. 274.

2) Abhandlungen. Zweiter Band. Vorrede S. VI.

würde solches Verfahren Viele, die jetzt in friedlicher Sicherheit im Schooße der Kirche ruhen, in eine gefährliche Zufriedenheit eingewiegt haben. Für Diejenigen, die sich im Irrthum befanden, konnte keine wahre Liebe gezeigt werden, außer durch das energische Bestreben, sie dem Irrthum zu entreißen. Um in Wahrheit ihr bester Freund zu sein, mußte man sich vornehmen, ihr unbeugsamster Gegner zu sein."

Weit entfernt durch solche Entschiedenheit anzustoßen, hat vielmehr dieses offene Entgegentreten, das auch ganz dem englischen Charakter entspricht, Viele zum Nachdenken, und die Nachdenkenden meist in den Schooß der Kirche geführt. — Bei der ganzen Controverse aber verfuhr Wiseman zugleich stets mit der höchsten Ruhe, mit der größten Milde; kein bitteres, kein verletzendes, kein anstößiges Wort kam in diesem ernsten Streit zum Vorschein[1]), und diesem ebenso entschiedenen, als

---

1) Wiseman selbst gibt hierüber Zeugniß: „Die Aufsätze enthielten nichts von einer Härte oder Unfreundlichkeit.... Wohl ward mit Ernst und vielleicht mit Eiferung geschrieben; aber es wurde die gegenseitige Achtung beobachtet; und als der Tag der Vereinigung kam, war auf keiner Seite etwas zu vergeben oder zu bereuen. A. a. O. S. IV.

liebevollen Auftreten ist es — freilich unter dem Segen der göttlichen Gnade — zunächst zuzuschreiben, daß in diese Zeit so viele Conversionen fallen, welche nicht allein England, sondern die ganze katholische Welt erfreut haben¹). Wiseman spricht sich darüber in einer Rede, die er im Jahre 1863 zu Mecheln bei dem Katholiken-Congreß gehalten, in folgenden Worten aus:

„Beim Beginne der religiösen Bewegung fanden einige Zeitungen Freude daran, die Conversionen anzuzeigen. Diese Mittheilungen waren sehr erfreulich; aber diese Oeffentlichkeit wurde zugleich ein gewaltiges Hinderniß für die Conversionen.... Darum ist die Sitte, hierüber in den Zeitungen zu berichten, allmälig abgekommen; es wäre jedoch unrichtig, deßhalb zu glauben, daß weniger Bekehrungen stattfinden, weil man weniger davon hört. Im Gegentheil, die Zahl der Conversionen nimmt beständig zu, und unter den Convertiten befinden sich Leute von allen Ständen, auch jetzt, wie früher, aus den höchsten Ständen.... Besonders erfreulich ist, daß in der neuesten Zeit sich die Conversionen unter den **mittlern und indu**-

---

1) Vgl. Gondon, die religiöse Bewegung in England. 1845.

striellen Classen mehren.... Ich füge noch bei, daß die Zahl der Kirchen, welche von Convertiten gebaut worden sind oder gegenwärtig gebaut wer= den, sich auf wenigstens zweiundvierzig be= läuft [1])."

Diese zuletzt erwähnte Thatsache genügt vollstän= dig, um daraus den Schluß zu ziehen, daß die Ein= wirkung Wiseman's auf die Rückführung der Protestan= ten in den Schooß der Kirche eine überaus großartige und gesegnete war.

So wirkte Wiseman mit unermüdetem Eifer und überraschendem Erfolge sowohl an der inneren Kräfti= gung, als an der äußeren Zunahme der katholischen Kirche Englands. Aber er sollte, nach den Absichten Gottes und dem Willen des Papstes, ein viel bedeu= tungsvolleres Werk vollführen, das hoffentlich, nach dreihundertjähriger Unterbrechung, nunmehr für die ganze Zukunft fest gegründet ist; er sollte nämlich wie= derum die volle bischöfliche Ordnung — die Hierarchie — in der Kirche Englands in's Leben führen.

Wie in allen Ländern, welche noch nicht voll=

---

1) Die Lage der Katholiken in England. Köln bei Bachem. 1864. S. 17. 18.

ständig für die Kirche gewonnen sind oder in welchen ungünstige Verhältnisse einer vollständigen kirchlichen Organisation Hindernisse in Weg legen, so wurde auch in England die kirchliche Verwaltung durch apostolische Vicare geführt, d. h. durch Männer, die zu Bischöfen geweiht, einzig als Abgesandte des Papstes wirken. Das entspricht jedoch nicht der Verfassung der Kirche, wie sie eigentlich sein soll, und deßhalb wünschte man in England, nachdem die Emancipation erfolgt war, die Wiedererrichtung von wirklichen Bischofssitzen — die bischöfliche Hierarchie. Schon Papst Gregor XVI. beschäftigte sich mit dem Gedanken, ob es wohl jetzt an der Zeit wäre, anstatt der apostolischen Vicare wiederum Bischöfe mit bestimmten Diöcesen und Pfarreien in England einzusetzen; es gelangten auch im Jahre 1834 und später Bittschriften nach Rom, welche die Ausführung dieser Maßregel begehrten; aber nach umsichtiger Erwägung aller Verhältnisse wurde der Zeitpunkt hiefür noch nicht für geeignet gehalten. Gregor XVI. beschränkte sich darauf, wie ich bereits oben erwähnt habe, im Jahre 1840 die Zahl der apostolischen Vicare zu verdoppeln — also anstatt vier deren acht, resp. neun zu ernennen.

Unter den Ernannten war Wiseman; und ihm fiel für die nächsten zehn Jahre (von 1840—50) die große Aufgabe zu, in Verbindung mit seinen hochwürdigsten Collegen Alles vorzubereiten, was zur Verwirklichung dieses herrlichen, aber schwierigen Gedankens dienen konnte.

Der immer dringender werdende Wunsch der englischen Katholiken veranlaßte die apostolischen Vicare, nach mehreren vorausgegangenen Berathungen, im Jahre 1847 durch Dr. Wiseman eine Denkschrift ausarbeiten und dem heiligen Vater, Pius IX., überreichen zu lassen. Die Bitte ward freundlichst aufgenommen, sorgfältigst geprüft und schließlich gewährt, aber die ausbrechende italienische Revolution brachte wiederum einen Stillstand.

Im August 1850, als der heilige Vater von Gaeta nach Rom zurückgekehrt war, berief er Wiseman nach Rom, und erließ, nachdem die letzten Schwierigkeiten gehoben schienen, am St. Michaelstage 1850 die Bulle[1]), welche für England wiederum die bischöfliche Hierarchie einsetzte, zwölf Bischöfe mit einem Metropolitan-Erzbischof in Westminster.

---

1) Die Actenstücke finden sich in Buß, Geschichte der Bedrückung der Kirche in England. S. 142 u. ff.

Wiseman wurde zum Erzbischof und gleichzeitig zum Cardinal ernannt. Mit ihm bekleidete damals der heilige Vater aus allen großen Nationen der Christenheit noch zwölf andere hochverdiente Männer mit dem römischen Purpur. Es waren aus dem deutschen Episcopat der Fürsterzbischof von Sommerau in Olmütz, der unvergeßliche Diepenbrock in Breslau und der so schwer zu ersetzende Cardinal Geissel in Köln.

Der neuernannte Cardinal=Erzbischof kündigte sogleich, unter Mittheilung der päpstlichen Bulle, in einem herrlichen Hirtenbrief den Katholiken Englands das freudige Ereigniß an und machte sich ungesäumt auf den Weg, um von seinem erzbischöflichen Stuhle Besitz zu nehmen und die Organisation in Ausführung zu bringen; aber siehe — noch hatte er den Boden Englands nicht betreten, da erhob sich daselbst durch alle Schichten der Gesellschaft eine solche Aufregung, daß alle seine Freunde ihn warnten, er möge es unter diesen Verhältnissen nicht wagen, nach London zu kommen.

Der alte Haß gegen die katholische Kirche und ihre Mitglieder, der erloschen schien, erwachte plötzlich über diese Maßregel des Papstes, die man, wie John Russel sich ausdrückte, „als eine Insulte auf die

Krone, als eine Einmischung in die Rechte der anglicanischen Kirche und als einen Angriff auf die Unabhängigkeit der Nation" betrachtete ¹). Die ganze Presse Englands erhob sich gegen „**diesen unverschämten päpstlichen Angriff,**" und durch unablässiges Schmähen und Hetzen mittelst Zeitungen, Broschüren, Carricaturen und Volksversammlungen erzeugte sich ein Fanatismus in allen Kreisen und Ständen, der alle Begriffe übersteigt.

Hören Sie, wie Wiseman selbst die damalige Aufregung schildert: „Es brach ein Sturm aus mit fessselloser Wuth. Die Zeitungen, hatten sie auch noch so entgegengesetzte Politik und Grundsätze, wetteiferten an Bitterkeit, Giftigkeit und Hartnäckigkeit der Anfeindung. Die Kräfte Aller waren auf **einen** Punkt concentrirt: die neue Form kirchlicher Verwaltung, welche die Katholiken für einen Segen und eine Ehre betrachteten, wo möglich zu vernichten oder wenigstens der öffentlichen Verwünschung preiszugeben.... Sarkasmus, Hohn, Satyre der gemeinsten Art, theologische und juristische Raisonnements voll Spitzfindigkeit, kecke

---

1) In einer Parlamentsrede, angeführt bei Buß a. a. O. S. 227.

und rücksichtslose Declamationen, zelotische und listige Beweisführungen — nichts schien am unrechten Orte zu sein, und jedes Mittel, bis zu einem Pöbelcrawall, ward angerufen, das Geschrei und die Rachsucht Derer zu unterstützen, die es erhoben [1]. "

Der ganze anglicanische Clerus und der ganze Episcopat legten feierlich bei der Königin Protest ein. Lord Russel, Chef des Ministeriums, sonst so klug, ließ sich vom Strome mit fortreißen und schrieb über den „päpstlichen Angriff" einen fanatischen Brief an den anglicanischen Bischof von Durham. Mehr noch — der Lord-Kanzler, der oberste Richter des Landes, sprach sich dahin aus, daß man mit allen gesetzlichen Strafen solchen „Angriff" zurückweisen müsse; ja selbst die Königin erklärte noch in der Thronrede vom 4. Februar, „sie sei entschlossen, die Rechte ihrer Krone gegen jeden Eingriff, woher immer er auch kommen möge, aufrecht zu erhalten."

Man sprach immer vom „päpstlichen Angriff!" — O, ein A n g r i f f war es nicht! Der Papst wollte zu-

---

[1] Wiseman's Appellation an das englische Volk in Betreff der katholischen Hierarchie. Regensburg 1851. S. 18.

nächst die Katholiken Englands, die jetzt zahlreich und frei genug geworden, der Wohlthaten einer ordnungsmäßigen bischöflichen Verfassung theilhaft machen; aber das protestantische England fühlte die große Wichtigkeit dieser Maßregel, und es fand darin — und nicht so ganz mit Unrecht — eine Gefahr für seine Staatskirche und eine Ankündigung, daß die Anfeindungen, die von dort aus am ärgsten gegen die Kirche und den apostolischen Stuhl betrieben werde, den Papst doch nicht abschreckten, an die Wiedergewinnung Englands zu denken.

Es war dies also ein „Angriff", gerade wie der heilige Petrus die Macht des römischen Reichs angriff, als er nach Rom kam, dort seinen bischöflichen Sitz aufschlug und auf dem Vaticanischen Hügel am Kreuze starb; denn damals wurde die Macht des heidnischen Römerreichs gebrochen. Und wer weiß, ob man nicht die Ueberwindung des englischen Protestantismus, dieser dem Katholicismus feindlichsten Macht, dereinst datiren wird vom 29. September 1850? — Solche oder ähnliche Reflexionen waren es ohne Zweifel, welche, wie Wiseman sich ausdrückt, „damals die schlimmsten Befürchtungen wach riefen [1]."

---

1) Rede auf dem Congreß zu Mecheln von 1862. S. 20.

Was sollte nun Wiseman thun? Sollte er dem Rathe seiner Freunde folgen? — Aber der Papst hatte ihn zum Erzbischof von Westminster ernannt und darum war sein Entschluß bald gefaßt: an seinen bischöflichen Sitz zu gehen, möge daraus kommen, was da wolle [1]).

Er reiste also nach London; und während sehr aufgeregte Volksmassen ihn auf der Station erwarteten, wo sie glaubten, daß er aussteigen werde, zog er am 11. November 1850 ruhig in seine Wohnung bei seiner neuen Cathedrale ein.

Das Erste, was er nun that, war: er schrieb ein „Manifest an das englische Volk [2]),“ einen Appell an seinen Rechtssinn, und er schrieb diese Blätter mit solcher Klarheit, mit solcher Ruhe, mit solch' überzeugender Macht, ich möchte sagen mit solcher Majestät, daß

---

1) Die Gefahr war sehr groß. Sagte doch Mr. Reynolds im Parlament: „Die gegenpäpstliche Agitation dieses Landes wurde zu einer solchen Höhe getrieben, daß ich mich nur über Etwas wundere, darüber, daß man den Cardinal Wiseman nicht in Person verbrannt hat, statt ihn im Bild zu verbrennen." Bei Buß a. a. O. S. 242.

2) In deutscher Uebersetzung bei Manz. 1851.

England, das fanatifirte englische Volk, Respect vor ihm bekam.

Ruhig und furchtlos war, wie immer so hier, sein ganzes Auftreten. Er kündigte alsbald an, daß er im bevorstehenden Advent in seiner damaligen Cathedrale auf dem linken Themseufer Controversprebigten halten werde. Er wollte nicht sich verstecken, sondern offen hervortreten, aber entschlossen und ernst. Wohl gab es Einige, welche, wie die Maßregel des Papstes, so das Benehmen Wiseman's mißbilligten; aber unter den vielen Katholiken, welche in dieser schweren Zeit ihre muthige Treue bekundeten[1], verschwinden diese wenigen Feiglinge. Im Ganzen wurden die Katholiken durch die Unerschrockenheit Wiseman's sehr ermuthigt und, wie schon gesagt, selbst die Protestanten mit Ehrerbietung gegen diesen Charakter erfüllt. Jedoch der öffentlichen Meinung

---

[1] Der katholische Bischof von Birmingham, Dr. Ullathorn, konnte darüber an Lord Russel schreiben: „Nicht wir werden durch dieses Verfahren gedrückt; die Verfolgung trifft vielmehr die Kaufleute, Handwerker und armen Dienstboten, die unschuldige Industrie und die Armen, welche ihr Brod suchen; — und sehen Sie nur, wie ruhig sie Alles ertragen haben." Bei Buß. S. 226.

Englands mußte Etwas geboten werden. Das Ministerium brachte deßwegen verschiedene Gesetzesvorschläge in's Parlament: die Titel-Bill, die Kleider-Bill und die Kloster-Bill. Die Titel-Bill beantragte, den katholischen Bischöfen zu verbieten, ihre Titel von einer Stadt Englands zu führen, und jede Uebertretung mit hundert Pfund zu bestrafen. Die Kleider-Bill, daß es keinem Mönche oder Priester gestattet sei, in geistlicher Kleidung öffentlich zu erscheinen, und die Kloster-Bill, daß sämmtliche Klöster untersucht und alle Klosterfrauen befragt werden sollten, ob nicht eine unrechtmäßige Beeinflussung stattgefunden, um sie zum Eintritt in's Kloster zu bewegen. — Das Alles aber verlief höchst armselig! Man fing an, der fanatischen Aufregung satt zu sein, und das Parlament zeigte nicht viel Lust, ungerechte Gesetze zu beschließen, von denen man voraussah, daß sie nicht könnten gehandhabt werden. Die Kloster-Bill mußte fallen gelassen werden; an der Kleider-Bill nahm kein Mensch Interesse, und die Titel-Bill ward so sehr abgeschwächt, daß, als in der nächsten Fastenzeit Wiseman seinen ersten Fastenhirtenbrief veröffentlichte und oben an seinen Namen mit seinem ganzen Titel: „Der heiligen römischen Kirche Cardinal-Priester und Erzbischof von

Westminster" u. s. w., abdrucken ließ, Niemand wagte, ihn darob anzugreifen. Er hatte sich in seinem Vertrauen auf den Beistand Gottes, auf sein gutes Recht und auf den Billigkeitssinn des englischen Volkes nicht getäuscht.

Bald traten Erscheinungen zu Tag, ebenso erfreulich, als unerwartet. Der Sturm, der so gewaltig begonnen und der so armselig ausging, lenkte die Aufmerksamkeit Vieler auf die katholische Kirche und ihre Lehre. Sie fingen an, sich damit zu beschäftigen und von der Wahrheit sich zu überzeugen.

Ein Bischof konnte an Lord Russel schreiben: „Unsere Kirchen füllen sich, unsere Bücher finden Verbreitung und nach den Berichten unserer Geistlichkeit mehrt sich die Zahl unserer Convertiten[1]."

Es genügt zu erwähnen, daß im Jahre 1851 nicht weniger als dreiunddreißig anglicanische Geistliche in die Kirche übertraten; und damals war es auch, wo Manning, einer der ersten Männer des anglicanischen Clerus, seinen Irrthum abschwor, die heilige Priesterweihe empfing und bald, in Verbindung

---

[1] Bischof Ullathorn von Birmingham bei Buß a. a. O. S. 226.

mit seinem Erzbischof, in den armen Vierteln (und deren
gibt es in London viele) öffentlich predigte, während
man im Parlament berieth, ob man den Cardinal viel=
leicht verbannen wolle, und während man ihm streitig
machte, sich als Den zu nennen, der er war.

Als Bischof und Metropolit hatte er nun die
große Aufgabe, die Diöcesen und seine eigene zu or=
ganisiren. Das that er sofort mit derselben maßvollen
Ruhe und Energie. Schon im Jahre 1852 berief er
deßhalb ein Provincial=Concil nach Oscott, zum ersten
Mal wieder nach langer Zeit. In der Vereinigung
der Bischöfe liegt eine wunderbare Kraft; durch sie
vorzüglich wirkt und lebt und erneuert sich die Kirche;
und nichts hat auch der Heiland so oft und so nach=
drucksam seinen Aposteln an's Herz gelegt, als daß sie
eins sein sollen. In diesem Geiste versammelte der
neue Erzbischof den neuen englischen Episcopat um sich
zu Oscott; und er wiederholte während seines Lebens noch
zweimal dieses ebenso erbauliche als wirksame Schau=
spiel, um, wie die Verhältnisse Englands es erheisch=
ten, in Gemeinsamkeit heilsame Beschlüsse zu fassen.
Dann ging es daran, überall Schulen zu eröffnen,
Wohlthätigkeitsanstalten jeglicher Art zu gründen,
Kirchen zu erbauen u. s. w.; so weit immer die Mittel

reichten und noch darüber hinaus. Ich sage, über die Mittel hinaus; denn es besteht in England kaum eine einzige Kirche, die nicht noch große und schwere Schulden zu decken hätte. Aus dem Munde Sr. Eminenz habe ich selbst die Aeußerung gehört: Wenn ich an eine Kirche einen Priester zu bestellen habe, so ist nicht seine Frage, was trägt der Posten ein? sondern wie viel muß ich aufbringen, um die Zinsen der Bauschulden zu decken? Denn daß der Priester von den Gaben der Gläubigen lebt und daß auf dieselbe Weise die Kirchengebäude bezahlt und die Schulden verzinst werden müssen, das weiß man in England gar nicht anders. Die göttliche Vorsehung und die Opferwilligkeit der Gläubigen sind ja ein reiches Kapital, das seit achtzehn Jahrhunderten zu zahllosen Schöpfungen die Mittel dargeboten hat, und das auch heute noch ergiebig ist, wenn man ohne freventliche Vermessenheit mit Demuth und kluger Umsicht zu Werke geht.

Die folgenden Zahlen, welche ich der sichersten Quelle entnehme, geben eine Uebersicht der Fortschritte, welche der Katholicismus in England gemacht hat. Cardinal Wiseman selbst gibt an[1]), daß es

---

1) In seiner zu Mecheln 1863 gehaltenen Rede,

im Jahre 1826, also kurz vor der Emancipation, in London nur 48 Priester gab; 1851 war ihre Zahl auf 113 gestiegen, 1863 auf 194. — Die Zahl der katholischen Kirchen betrug in diesen drei Perioden 24, 46 und 102. Im Jahre 1826 gab es in London nur ein einziges Frauenkloster, 1851 neun; jetzt bestehen 27. — Während 1826 Mannsklöster ganz fehlten, bestehen deren jetzt 15.

So hat sich unter den Augen des Bischofs London geändert! — Es gibt jetzt ein katholisches London, was es vor einer Generation noch nicht gab. Wohlthätigkeitsanstalten, von denen früher gar keine vorhanden war, findet man jetzt 34, darunter einige von sehr schöner und großartiger Einrichtung.

Noch günstiger aber, als in London selbst, gestaltete sich die Entwickelung in den übrigen Diöcesen Englands[1]); denn man darf nicht glauben, daß es in

---

die wir Allen empfehlen, welche sich näher über die katholischen Zustände Englands belehren wollen. Köln bei Bachem 1864.

1) Wiseman gibt an: „Im Jahre 1830 zählten wir nur 434 Priester in ganz England, jetzt haben wir 1242. — Die Zahl der katholischen Kirchen, die damals 410 betrug, ist jetzt 872. Die Zahl der Frauen-

der Hauptstadt für den Katholicismus am leichtesten sei, sich zu entfalten. Wie unerschwinglich sind nicht die Preise für Grund und Boden, um Kirchen und Anstalten darauf zu gründen. Wiseman führt an, daß vor nicht langer Zeit für ein kleines Stück Land von etwa drei Viertel Morgen die fabelhafte Summe von 180,000 Pfund Sterling bezahlt worden ist.

Der Mann, der das Alles, ich darf nicht sagen, hervorrief, aber der zu vielen solchen Unternehmungen den Muth weckte und die Anregung gab, der zur Opferwilligkeit begeisterte und die Kräfte zusammenhielt, der klug im Rathen und energisch im Handeln die Schwierigkeiten zu beseitigen und zu überwinden verstand, mit einem Worte — der Mittelpunkt des katholischen Aufschwungs — war Cardinal Wiseman.

Neben dieser Thätigkeit, die Zahl der Gläubigen und der Gotteshäuser und der daran wirkenden Priester zu vermehren, war es sein vorzügliches Bestreben,

---

Klöster ist seit 1830 von 16 auf 162 gestiegen, und während wir 1830 gar keine, 1850 nur 11 Mannsklöster hatten, beträgt ihre Zahl jetzt 53. — A. a. O. S. 8.

das Klosterleben in der Kirche Englands wieder neu zu begründen, denn in den Ordensgelübden wird ja die höhere christliche Vollkommenheit verwirklicht! — Ihm war es nicht genügend, die äußere kirchliche Organisation hergestellt zu wissen, er wollte den katholischen Geist haben und deßwegen für denselben jene Sammelpunkte des Gebets und der Liebe, der Wissenschaft und des Seeleneifers gegründet sehen, als welche sich gute Ordenshäuser stets bewährt haben.

Dermalen bestehen in London fünfzehn Priester-Congregationen und Orden. Es sind daselbst Kapuziner und Jesuiten, Redemptoristen und Carmeliten und Andere mehr. Ich will nur auf zwei hinweisen — denn sie nehmen als neue Gründungen ein besonderes Interesse in Anspruch — auf die Oratorianer und auf die Oblaten vom heiligen Carl Borromäus.

Ganz nahe am großen Ausstellungspalast in Kensington haben die Väter des Oratoriums ihre Kirche und ihr großes Kloster gebaut. Es befinden sich daselbst mehr als dreißig Priester, und sie alle sind Convertiten, größtentheils Geistliche der anglicanischen Hochkirche, die dem Frieden ihres Gewissens ihre Pfründen und Würden zum Opfer brachten.

Es begreift sich, mit welchem Erstaunen die Vorübergehenden dieses Haus, das so geheimnißvoll hinter den Hofmauern liegt, anschauen, und mit welcher Ueberraschung sie die Antwort vernehmen: „Das ist das Haus, worin Faber und Dalgairns, und wie die anderen Männer heißen, deren Conversion so großes Aufsehen machte, zusammenwohnen und beten und predigen und arbeiten, auf daß den Schritt, den sie selbst gethan haben, den Schritt aus der anglicanischen Kirche in die katholische auch alle Anderen thun." Dabei ergreift gar Manchen eine gewisse Beklommenheit, und in seinem ohnehin unruhigen und von Zweifeln gequälten Herzen regt sich der stille Wunsch: „Wenn nur dieser Schritt auch von mir glücklich gethan wäre."

Nicht minder interessant ist das Haus der Oblaten des heiligen Carl Borromäus, das Manning und seine Freunde gestiftet haben. Auch hier sind vielleicht unter dreißig Mitgliedern nur wenige aus katholischen Familien entsprossen; die meisten, wie auch der Vorsteher selbst, sind convertirte Anglicaner — und solche Erscheinungen verfehlen nicht, den tiefsten Eindruck zu machen. Denn die Katholiken werden durch solche Männer, die meist sehr einträglichen Pfründen in der anglicanischen Kirche entsagten und nun ihre ganze

Zeit und Kraft einzig der Ehre Gottes und der Zurück=
führung Anderer in den Schooß der Kirche widmen,
erfreut und gestärkt; die Protestanten aber tief ergrif=
sen und mit mächtigem Zuge dorthin gezogen, wo das
Licht der Wahrheit und der Strom der Gnade ist.

Als Bischof der englischen Hauptstadt ließ sich
Wiseman noch eine andere Sache angelegen sein, welche
die übrigen Bischöfe Englands weniger in Anspruch
nimmt, nämlich die geistliche Fürsorge für die auslän=
dische katholische Bevölkerung Londons. In dieser
Weltstadt von drei Millionen finden sich, theils auf
kürzere, theils auf längere Zeit, viele Katholiken des
Continents von fast allen Nationen und Sprachen ein.
Sie sind die Diöcesanen des Bischofs von Westminster,
und er hat sich ihrer als Seelenhirt anzunehmen. Car=
dinal Wiseman hat diese große und schwere Aufgabe auf
sich genommen und sie wenigstens theilweise glücklich ge=
löst. — Für die Franzosen besteht schon länger eine
eigene Kirche, worin Gottes Wort in französischer
Sprache verkündet und den Franzosen Gelegenheit ge=
boten wird, in ihrer Muttersprache beichten zu können.
In der jüngsten Zeit ist es den Bemühungen des Car=
dinals gelungen, in ähnlicher Weise für die Italiener,
Polen und Deutsche zu sorgen. — Für die Italie=

ner wurde im Jahre 1863 eine schöne neue Kirche eingeweiht und Priestern der italienischen Nationalität übergeben, während in der Krypta dieser Kirche ein polnischer Priester für seine Landsleute den Gottesdienst besorgt. — Ebenso haben die deutschen Katholiken eine große und schöne Kirche erhalten. Die Einweihung fand auf Michaelis 1862 statt, und gern würde ich von dieser erhebenden Feier, bei der ich anwesend zu sein so glücklich war, ausführlicher sprechen, aber die Zeit erlaubt es mir nicht. Ich beschränke mich deßhalb auf die Bemerkung, daß es mit dem Baue dieser Kirche sich ähnlich verhält, wie bei den anderen, daß nämlich noch mehrere tausend Pfund Schulden darauf lasten, und es wäre deßhalb eine ebenso christliche als patriotische Handlung, die den vielbeschäftigten und sorgenbeladenen deutschen Priestern in London zur Aufmunterung dienen würde, wenn sich viele Herzen und Börsen für diese Noth öffnen wollten.

Noch Manches wäre über das bischöfliche Wirken Wiseman's zu melden; aber ich fürchte, die mir zugemessene Zeit zu überschreiten, und muß doch, wenigstens mit kurzen Worten, noch angeben, wie er seine Aufgabe als Cardinal der heiligen römischen Kirche aufgefaßt und wie er dieser Stellung entsprochen hat. Ihm war es klar, daß mit den Würden, die der heilige Vater ihm verliehen, die Pflicht verbunden sei, nicht allein für England, sondern auch für die allgemeinen Anliegen der Kirche thätig zu sein. Wenn ein Glied leidet, so leiden, nach den Worten der heiligen Schrift, alle anderen mit; und Das ist ächt christlich, ächt katholisch, Herz und Auge offen zu haben für Alles, was auf dem ganzen weiten Erdkreise die Interessen der Kirche fördert oder beschädigt. In dieser Auffassung ließ der verstorbene Cardinal keinen erheblichen Anlaß vorübergehen, bei dem er nicht sein einflußreiches Wort, schriftlich und mündlich, zu Gunsten der Kirche geltend gemacht hätte.

Ein solcher Anlaß ward ihm geboten im Jahre 1855 durch das zwischen dem apostolischen Stuhl und dem österreichischen Kaiserstaat abgeschlossene Concordat, das leider heute noch in Oesterreich selbst und anderwärts der Gegenstand großen Mißverstandes, aber noch größerer Gehässigkeit und unausgesetzter Angriffe ist.

Das Concordat, hochansehnliche Versammlung, ist ganz gewiß die ruhmvollste und erfolgreichste That in der hoffentlich noch langen Regierungszeit des Kaisers Franz Joseph von Oesterreich. Aus

Pietät hervorgegangen, ist es zugleich ein Werk hoher Staatsweisheit, denn es ist ein Werk der **Gerechtigkeit und der Freiheit.**

Von Gott berufen, eine Neugestaltung des großen Kaiserstaates vorzunehmen, nahm der jugendliche Kaiser, den Traditionen des habsburgischen Hauses getreu, aber consequenter als seine Vorgänger, die **Gerechtigkeit** zum Fund**a**ment, und gab der Kirche ihr eigenes Recht zurück, indem er ihr **auf ihrem Gebiete** Selbstständigkeit und Freiheit gewährte. Noch will man es nicht recht begreifen, daß die **Freiheit der Kirche**, der größten und ältesten Corporation in Europa, die Garantie ist für jede andere freie Entwickelung und der sicherste Schutz gegen den Despotismus des omnipotenten Staates; aber Das ist eben bewundernswerth an der That des zwanzigjährigen Monarchen und darin steht er einzig da, daß er, wie Wiseman sich so schön und richtig ausdrückt, „aus eigenem freien Entschluß, welcher das Resultat seiner frommen Gesinnung und die Frucht seiner tief religiösen Ueberzeugungen war," die ungerechten Josephinischen Kirchengesetze für aufgehoben und die Kirche in Oesterreich frei erklärte[1]).

1) Kaiserliches Patent vom 18. April 1850.

Damit nun dieses kaiserliche Wort eine Wahrheit würde, mußten Verhandlungen mit dem apostolischen Stuhle gepflogen werden, um alle Verhältnisse, wie sie zwischen Staat und Kirche vorkommen, zu ordnen. Das Resultat derselben war das österreichische Concordat, das fast von der ganzen deutschen und europäischen Presse angefeindet, dieselbe Behandlung auch in England fand, weßhalb Cardinal Wiseman sich veranlaßt sah, darüber in seiner Pro=Cathedrale im Advent 1855 zu predigen und diese vier Vorträge durch den Druck zu veröffentlichen.

Er entwickelt in denselben, namentlich im dritten Vortrage, die kläglichen Zustände, in welche der s. g. Josephinismus (dieses System, wonach die weltliche Regierung in alle Kirchenangelegenheiten sich zu mischen und die Kirchenobern zu bevormunden beansprucht), Oesterreich gebracht hat, und rühmt dann mit warmen Worten das große Verdienst, das sich der junge Kaiser durch das Concordat, dieses, wie Wiseman sagt¹), „bewunderungswerthe Gesetz," erworben hat.

Im vierten Vortrage zeigt er, „daß jeder Artikel

---

1) Vier Vorträge über Concordate, insbesondere über das österreichische Concordat. Köln bei Bachem 1856. S. 76.

des Concordats das Beste ist, was sich nach katholischen Grundsätzen feststellen ließ," indem er mit der ihm eigenthümlichen Sicherheit und Klarheit die einzelnen Artikel durchgeht, um sämmtliche Bestimmungen des Concordats zu erklären und zu rechtfertigen. Ich kann nur auf die Vorträge selbst verweisen und die Versicherung beifügen, daß Wiseman alle Einwände berücksichtigt und sie gründlich widerlegt hat.

Die größte Theilnahme hatte natürlich Cardinal Wiseman an den Schicksalen des **heiligen Vaters** selbst. Ist Liebe zum apostolischen Stuhle eine Pflicht und ein Kennzeichen eines jeden katholischen Christen, so muß ein mit dem Purpur bekleideter Sohn des heiligen Vaters in dieser Liebe, Treue und Anhänglichkeit sich vor Allen auszeichnen. Deßwegen tragen ja die Cardinäle den Purpur, damit die Farbe des Kleides sie an den Eid erinnere, den sie geschworen, dem heiligen Vater „bis zum Vergießen ihres Blutes" in Treue beistehen zu wollen. Wie hätte also die Noth des heiligen Vaters und seine fortgesetzte Bedrängung, durch offene Feinde wie durch unzuverlässige Beschützer, ihn nicht rühren und bestimmen sollen, Alles zu thun und an Allem Theil zu nehmen, was dem heiligen Vater zur Befriedigung und zum Troste gereichen könnte?

Der Peterspfennig ist englischen Ursprungs. Vor elfhundert Jahren schon haben die Beherrscher Englands freiwillig und in freigebigster Weise den Peterspfennig nach Rom geliefert, und so groß und drückend die Bedürfnisse im eigenen Lande waren, der Cardinal wollte nicht, daß die katholischen Engländer zurückblieben hinter der Opferwilligkeit ihrer Voreltern. Ich erwähne mit Absicht dieser Liebesspenden an den heiligen Vater, weil seine Noth neuerdings Anspruch macht auf die Almosen seiner Kinder, und weil gerade in diesen Tagen uns Gelegenheit geboten wird, durch die Betheiligung an dem römischen Anlehen die Lebendigkeit unseres Glaubens und unserer Liebe zu beweisen. Als Pius IX., inmitten der unerhörten Kränkungen, welche die Revolution und eine perfide Diplomatie ihm zufügten, die Bischöfe der ganzen katholischen Welt zu einer großen kirchlichen Feier — zur Heiligsprechung der japanesischen Martyrer — im Beginne des Jahres 1862 nach Rom einlud, glaubte Cardinal Wiseman, obgleich damals schon mit dem schmerzlichen Leiden behaftet, das ihn sobald der Kirche entreißen sollte, bei dieser Versammlung nicht fehlen zu dürfen. Seine Ankunft verzögerte sich etwas; als er aber erschienen war, gab sich alsbald die hohe Mei=

nung kund, welche der gesammte Episcopat von der Gesinnung, wie von der Begabung Wiseman's hatte.

Die Prälaten alle waren, wie es später so herrlich bekundet wurde, von dem Gedanken erfüllt, daß sie bei dieser Veranlassung über die großen Weltfragen, die den heiligen Vater in solche Bedrängniß gebracht, sich aussprechen und vor der ganzen Christenheit ein Zeugniß ihrer vollständigsten Uebereinstimmung mit dem heiligen Vater und ihrer unverbrüchlichsten Anhänglichkeit an ihn ablegen sollten.

Der Mittelpunkt jener bischöflichen Versammlung, deren Adresse dem heiligen Vater so großen Trost bereitet und in der ganzen Welt so viele Anerkennung gefunden hat, war der Cardinal Wiseman. — Damals haben französische Zeitungen zuerst, und andere nach ihnen, davon geredet, als wären divergirende Strömungen in jener bischöflichen Versammlung hervorgetreten; auch in England wurde diese Unwahrheit verkündet, und der Cardinal sah sich dadurch veranlaßt, über seinen Aufenthalt in Rom ein prachtvolles Büchlein zu veröffentlichen, worin er die ganze Bedeutung der stattgehabten Heiligsprechung darlegt und schließlich den wahren Hergang bei Abfassung der bischöflichen Adresse an den heiligen Vater auseinandersetzt. — Während sich überall Entzweiung und unleidlicher Parteikampf unseren Blicken darstellt, fühlt sich das Herz gehoben bei diesem herrlichen Bilde katholischer Einheit.

Aber auch Veranlassungen von minderer Wichtigkeit benutzte der Cardinal, um seinen katholischen Sinn, der für Alles Interesse hat, was die Ehre Gottes und den Ruhm der Kirche fördert, an Tag zu legen. — Als die Belgier, das Beispiel nachahmend, welches die Katholiken Deutschlands ihnen gegeben, im Jahre 1863 einen katholischen Congreß nach Mecheln beriefen, ließ es sich der hohe Kirchenfürst nicht verdrießen, dort zu erscheinen. Der Vortrag, welchen er vor der zahlreichen Versammlung „über die Lage der Katholiken in England" hielt, ward mit der gespanntesten Aufmerksamkeit angehört. Er gibt in schöner, ruhiger Darlegung, wie er allein es kann, ein genaues Bild Dessen, was bereits errungen ist und was noch erstrebt werden muß, der seitherigen Erfolge, der gegenwärtigen Mühen, der zukünftigen Hoffnungen; von sich aber schweigt er fast gänzlich [1]). Er hatte doch so viel

---

1) Die Rede ist von Dr. Reusch übersetzt, 1864 bei Bachem erschienen.

gethan; aber weil er wahrhaft groß und dabei christ=
lich war, suchte er nicht das Lob der Menschen und
schrieb die Erfolge seines Wirkens der Hilfe Gottes zu.

Es war dies der letzte große öffentliche Act des
Mannes, dessen Wirken Ihnen in Kürze zu schildern,
meine Aufgabe gewesen ist. Wir stehen am Schlusse.
Ich glaube aber Ihre Geduld noch ein paar Augen=
blicke in Anspruch nehmen zu dürfen, um in einfachen
Zügen ein Bild seiner Persönlichkeit zu skizziren.

Vor Allem tritt in der geistigen Physiognomie die=
ses Mannes seine hohe Bildung hervor. Er war ein
fein gebildeter, fast in allen Zweigen der Wissenschaft
bewanderter Mann; mit gründlicher klassischer Bildung
vereinte er Kenntniß der neueren Sprachen und na=
mentlich seiner englischen Muttersprache, die er, nach
competentem Urtheile, sehr correct und fein schrieb.
Für die Allseitigkeit seines Wissens legen seine ver=
schiedenen Schriftwerke Zeugniß ab; er bewies sich
darin nicht nur als Gelehrten, sondern auch, wie
Sie wissen, als Dichter und Novellist, und seine
lieblichen Erzählungen und Poesien haben ihm fast
noch mehr als seine Gelehrsamkeit allgemeine Aner=
kennung zugezogen. Dabei besaß er eine solide
theologische und canonistische Bildung. Es war doch

ebenso unerhört, als für Dr. Wiseman ehrenvoll, daß ihn das Haus der Lords im Jahre 1844 in einem verwickelten Processe einlud, um von ihm, damals apostolischem Vicar in Birmingham, Aufschluß über einige schwierige Fragen des canonischen Rechts zu erhalten, da man keinem Geistlichen der anglicanischen Kirche jene genaue Kenntniß und jene Schärfe des Urtheils zutraute, welche der wichtige Fall erforderte. Diese Thatsache, daß das stolze Haus der Lords sich von einem katholischen Bischof Belehrung ertheilen ließ, ist ein glänzendes Zeugniß für die wissenschaftliche Hochschätzung, die Wiseman in allen Kreisen genoß.

Mit dieser großen Bildung des Geistes verband er eine außerordentliche Festigkeit des Charakters, wovon ich verschiedene Züge gemeldet habe. Seine Entschiedenheit aber war gepaart mit außerordentlich viel Milde, Leutseligkeit und Klugheit, und in der glücklichen Vereinigung dieser Eigenschaften liegt der Grund, daß er selten eine Sache in die Hand nahm, ohne sie zu einem erwünschten Resultate zu führen.

Jedoch, Hochansehnliche, wenn man sagt, er war ein höchst gebildeter, ein außerordentlich entschlossener, dabei ein sehr feiner und kluger Mann, so rühmt man in ihm einen liebenswürdigen und männlich-großen Charakter, und erkennt ihm etwa die Eigenschaften eines ausgezeichneten Staatsmannes zu; er besaß aber eine weit höhere Vollkommenheit.

Wir müssen an ihm die christlichen und **priesterlichen** Tugenden betrachten, die er sich im großen Maße zu eigen gemacht hatte. Da leuchtet vor Allem seine große, seine innige, ich darf sagen, seine kindliche Frömmigkeit hervor. Irland war sein Vaterland, er war ein Sohn der „Insel der Heiligen," und Das zeigte sich auch in Allem, was er that, was er sprach, was er schrieb. In der kleinen Sammlung seiner Predigten sind nicht weniger als sechs Hirtenbriefe über das Herz Jesu. Aus der Liebe des göttlichen Herzens Jesu schöpfte er jene Begeisterung, die ihn erfüllte, und zur Liebe des göttlichen Herzens Jesu wollte er alle die gläubigen Seelen hinführen, die Gott ihm zu leiten übertragen hatte.

Wenn es galt, ein gutes Werk, seine Armenschulen, seine Waisenhäuser u. s. w. auf's Angelegentlichste zu empfehlen, dann bat er beim göttlichen Herzen Jesu, bei diesem Herzen voll Gnade und Erbarmen, daß man sich der Verlassenen und Armen mitleidig annehmen möge.

Dabei war er ein so überaus einfacher, bescheidener und demüthiger Mann. In allen seinen Schriften tritt seine Person ganz zurück; selbst wo er von sich reden muß, weiß er die Ausdrücke so zu wählen, daß er sich nicht nennt; wie z. B. in den „Erinnerungen an die letzten vier Päpste," worin er doch nur seine eigenen Erlebnisse erzählt.

Und wie in seinen Schriften, so anspruchslos zeigte er sich auch im persönlichen Umgange. Als ihm Jemand bei einem Besuche Dank sagte für das viele Gute, das er sowohl durch seine Schriften als namentlich durch seine Sorgfalt für die in London wohnenden Deutschen gethan habe, erwiederte er: „O, ich hätte viel mehr thun können und thun sollen; aber Das kann ich von mir sagen: Ich habe die Andern stets so viel Gutes thun lassen, als sie wollten, und habe niemals Einen daran gehindert. Und Das hat Gott gesegnet."

So trat er in seiner Bescheidenheit gern zurück und erkannte das Wirken Anderer an; aber dennoch wußte man in London und in ganz England, daß sein Geist und sein Segen bei allen Unternehmungen war, denn ohne seine Gutheißung mochte Keiner Etwas von einiger Bedeutung in Angriff nehmen, und ohne seinen Rath und Beistand es ausführen.

Seine höchste Tugend war, wenn es mir erlaubt ist zu urtheilen, sein lebendiger Glaube. „Der Gerechte lebt aus dem Glauben;" und dieses Wort der heiligen Schrift bewährte sich auch an Cardinal Wiseman. Er war ein Mann von starkem und innigem Glauben; und hieraus floß sein unermüdlicher Eifer im Dienste der Kirche, seine rückhaltslose Hingabe an die Autorität der Kirche, seine muthige Ausdauer in allen Kämpfen und seine kindliche Pietät gegen den heiligen Vater.

In meinem ersten Vortrage habe ich Ihnen die schönen Worte vorgelesen, womit er alle seine schriftstellerischen Leistungen so kindlich und demüthig dem unfehlbaren Lehramte der Kirche unterwirft, und worin er bekennt, daß er Alles, was er jemals gut begonnen und durchgeführt hat, nur dem Umstand verdanke, daß er immer so fest an den Felsen des Glaubens und an die Entscheidungen des apostolischen Stuhls sich angeschlossen. Dieser kindliche, katholische Glaube, der ihn durch sein ganzes Leben in allen seinen großen Arbeiten und Kämpfen erfüllte, verließ ihn auch nicht auf seinem Todesbette.

Als er den Tag seiner Auflösung nahe fühlte, versammelte er sein Domcapitel um sich, um vor dem=

selben das Glaubensbekenntniß abzulegen. Mit seiner Cardinalskleidung angethan, betheuerte der todtkranke Erzbischof seinen unerschütterlichen Glauben an die Eine, heilige, katholische, apostolische Kirche, und nahm dann, das bischöfliche Brustkreuz in der einen Hand, die andere an eine Statue der allerseligsten Jungfrau gelegt, feierlichen Abschied — mit einer Heiterkeit und Ruhe des Geistes, wie nur der lebendigste Glaube sie verleiht.

So lebte und starb er als ein Mann des Glaubens.

Die vortrefflichen Eigenschaften des Geistes und des Charakters, womit er geziert war, und die er in allen seinen Lebensstellungen in so edler Weise zur Anwendung brachte, lassen ihn groß erscheinen in den Augen der Welt und sichern ihm auch die Hochschätzung Derer, welche nicht Kinder der Kirche sind. Für uns aber ist das Größte an ihm seine mit Liebe und Demuth gepaarte Frömmigkeit, und, was die Wurzel aller christlichen Tugenden ist — **sein Glaube.** Der war der innerste Kern seiner wahren Größe vor den Menschen und vor Gott. „**Der Gerechte lebt aus dem Glauben.**"